JN410834

비타민이
열리는
나무

비타민이
열리는 나무

초판 1쇄 인쇄 2016년 6월 20일
지은이 이운순
펴낸이 이승훈
펴낸곳 해드림출판사
주 소 서울 영등포구 경인로 82길 3-4(문래동1가 39)
센터플러스빌딩 1004호(우편 07371)
전 화 02-2612-5552
팩 스 02-2688-5568
E-mail jlee5059@hanmail.net

등록번호 제87-2007-000011호
등록일자 2007년 5월 4일

* 책값은 표지에 있습니다
* 잘못된 책은 바꿔드립니다

ISBN 979-11-5634-142-0

*이 수필집의 출판비용은 포천시 문화예술발전지원금을 포함하고 있습니다.

그리움과 추억이 교직된 삶 속, 감동의 사연들

비타민이 열리는 나무

이운순 수필집

해드림출판사

차례

2부

3부

4부

* 첫 수필집을
열며

긴 터널을 빠져나온 듯합니다. 퇴고하는 시간이 길었지만 채울 수 없는 욕심이라는 것을 알기에 긴 시간 방황했나 봅니다. 가정이라는 작은 세계가 온 우주인양 살아온 터라 세상살이에 다소 서툴고, 세상 이치에 밝지 못한 미성숙한 중년이 조금씩 세상 보는 눈을 키우기 시작했습니다. 소심하고 소극적인, 그래서 더 평범한 범인凡人의 눈으로 바라본 아름다운 세상 이야기입니다.

십수 년 습작 기간의 에세이를 모아 세상 밖으로 내놓으려는 희망찬 꿈을 꾸었습니다. 중년의 이름으로, 어머니의 이름으로 따듯한 감성과 자기 성찰의 고백을 담았습니다. 깊이 있게 문제점을 찾으려 하기 보다, 조용히 관망하고 둘러보는 주변인의 낮은 시선으로 내 이웃들의 삶을 진솔하게 전하려 합니다. 언어유희로 잔재주를 피우지 않고, 바람에 전하듯, 햇살로 노래하듯, 모나지 않은 감성으로 세상과의 대화를 시작했습니다.

아직 세상 사는 이야기, 사회의 직면한 많은 문제점을 함께 토론할 수 있는 장이 되기에는 부족하지만 조금씩 성장하리라 믿습니다. 함께 이야기하고 들어주는 이웃을 향해 우리가 살고 있는 이 세상이 아직은 살만하다는 긍정의 힘을 불어넣고 싶습니다. 문학이 세상을 바꿀 수는 없지만, 순수와 진실을 바탕으로 한 수필이야말로 바른 사회를 이끌어갈 수 있는 선도적 역할을 하리라는 것에 믿어 의심치 않습니다.

첫 수필집 『비타민이 열리는 나무』가 세상에 빛을 보게 되었습니다. 독자보다 작가가 많다는 인쇄물의 홍수 속에 또 한 덩이의 종이뭉치로 남게 되지 않기를 소망합니다. 내 육신과 내 정신건강과 마르지 않는 감성의 모든 것이 부모님께 받은 것이라면 감히 말하건데 지금까지 나를 키워준 것은 질 좋은 토양 『에세이문예』와 『포천문학』의 지면과 햇살과 양분을 아낌없이 내어주고, 타성에 젖거나 지치거나 나태해질 때 나를 일으켜 세워준 '본수'에 삼사느립니다. 여기까지 올 수 있도록 지도해주시고, 부족하고 결함 많은 졸작들에 생명과 향기를 불어 넣어주신 『에세이문예』 권대근 교수님의 감동적인 서평에 무한 감사를 올립니다. 사랑하는 우리의 본수 가족과 중부 가족들께 더할 수 없는 고마움을 전합니다. 단언컨대 내 성장의 8할은 『에세이문예』의 발판 위에서 성장할 수 있었다는 것을,

본 수필집이 나올 수 있도록 힘써주신 포천시 문화체육부 예술 발전 지원금 지원에 감사드리고, 꿈이 꿈으로 남지 않고 오랜 숙원이 이루어지는 기쁨을 함께 나눌 수 있도록 도움 주신 많은 분들과 기쁨을 함께하겠습니다. 묵묵하게 지켜봐 준 남편과 아이들, 내 피붙이들의 응원과 51카페 친구들, 한국문인협회 포천시지회 지부장님을 비롯한 포문협의 문우님들께도 무한 감사의 마음을 전합니다.

- 2016년 햇살 좋은 봄날-

*원고 정리와 오탈자 교정을 보는 과정에서 중언부언 장황한 구석이 많은 초기작의 원문 중 잘라내고 꿰매는 작업이 불가피했음을 밝힙니다. -저자-

1부

낯선 길에서 길을 묻다

귀착점歸着點

따위라니

벌罰

상처

그리움도 때론

조표자가弔瓢子歌, 조침문에 대한 나의 소고小考

클래식

붉은 깃발의 추억

*낯선 길에서 길을 묻다

2호선 전철이 뚝섬역에서 멈춰 섰다. 나는 한 무리의 사람들과 함께 떠밀리듯 내렸다. 갈 길이 바쁜 다른 사람들과 달리 나는 두리번거리며 8번 출구를 찾느라 잠시 전 받은 손전화의 문자 메일을 확인한다. 대체 나는 어디로 가고 있기에 이 낯선 길에서 길을 찾고 있는가. 나는 잠이 덜 깬 어린아이가 불빛을 만난 듯 어릿어릿 두리번거리는 모양새로 발을 떼 놓는다.

지금 이 시간, 이 낯선 곳에 서 있는 나는 누구인가? 낯선 곳 낯선 길의 서 있는 내가 또 낯설다. 내 나이 오십 고개를 훌쩍 넘었다. 뭐가 유용한 수일은 찾다가 생각해 낸 것이 작년 초 방송대의 적을 두게 된 일이다. 뭔가 끊임없이 앎을 추구한다는 것은 분명 진취적인 사고의 소산물이다. 중년기 무료함의 돌파구였고 작은 도약을 위한 발돋움이었다. 그러나 새로운 앎의 희열만큼이나 일하는 즐거움 또한 거기에 비견할 수 없어 작은 중소기업에서 낮 시간을 보낸다. 그런 날 중에 오늘은 유명 교수님의 교양과목 특강이 있다는 정보를 듣고 설렘 반, 기대 반으로 생애 처음 뚝섬을 찾은 것이다.

드디어 출구를 찾고 밖으로 시선을 돌리다가 바깥 풍경에 시선이 묶인 채 서고 말았다. 지하철 뚝섬역사의 유리창 밖으로 보이는 것은 분명 '한국방송통신대학교 서울지역대학'이라는 우리 학교 로고가 선명한 거대한 건물의 위용 앞에 나도 몰래 흘러나오는 탄성은 옆 사람이 들을세라 입안에 가두어두고 열없이 가슴이 뛴다. 내 늦은 나이에 섣부른 결단과 입학, 순조롭다고는 할 수 없겠지만 비교적 무난하게 1학년을 마치고 2학년 1학기 중간시험을 막 마친 중년의 학생이다. 공부하는 방식도 순서도 까마득한 나이, 두 아들에게 도움을 청해도 원격 대학이라는 특수성과 자신들의 전공과는 무관한 어미 공부에 말 없는 응원만 보낼 뿐이다. 그리하여 아직 눈에 보이는 결과물도, 무엇 하나 이뤄낸 것도 없지만 때 되면 시험을 걱정하고 학점을 신경 쓰는 나는 중년의 학생이다.

특강이 있다는 소식은 평소 알고 지내던 중문학과 학우의 귀띔이었다. 공통 교양과목 한국사의 총정리 특강, 평소 역사에 대해 너무나 잘 알고 있을 것이라는 정말 당치 않는 자신감은 그냥 표면적인 껍데기식의 옅은 역사의식이었다. 이 뒤늦은 깨달음과 현실에 부딪혀 좌절할 즈음 한국사 전체 15강을 총정리 해준다는 소식을 놓칠 수 없어 나선 길이다. 서울 나들이 길이 빈번하지는 않았지만 길 찾기 강의실 찾기는 어렵지 않았다. 교양과목이라 타학과 학생 모두의 관심을 받아서인지 운집한 2학년 동기생들의 학구열로 강의실 열기가 뜨겁다. 명강의를 하신다는 교수님의 한국사 특강은 늦은 학업이 대부분인 우리 학교만의 특수성일지도 모른다. 그러다 보니 기말을 대비한 단 이틀간에 15강 전체의 요약은 빠른 강의 속도를 불러온다. 뒤의 젊은 학우의 "이럴 줄 알았으면 사극이라도 열심히 챙겨 볼 걸 그랬어."라는 애교 섞인 응석도, 몸이 불편한 아내의 도우미로 옆자리를 지키는 남편의 모습도 막연한 감동을 불러온다. 뚝섬 근교에 살아 수업이나 특강이 없는 날에도 자주 찾는다는 옆자리 학우에게 "대학생 느낌 제대로 나겠어요. 학교 너무 멋지고 좋아요." 했더니 "네, 너무 재밌어요. 집이 멀지 않으시면 여기 나오셔서 함께 공부하셔도 되는데요." 한다. 이 작은 말 한마디에도 뜻 없는 설렘으로 가슴을 두드린다.

실습이 있는 몇몇 과목을 빼면 거의 모든 과목은 모두 인터넷, 웹 강의가 전부인 우리 학교, 학기 중의 단 사흘간에 유일한 면대면 수업이 교수진과 학우들과의 유일한 교류의 장이다. 출석수업과 중간시험은 나의 주거지 포천에서 가장 가까운 미아 북부센터가 나의 학습장이다. 모든 것에 처음이었던 신입 때는 모든 것이 설레고 감사함뿐이었다. '내가 제일 나이 많으면 어쩌나.' 했던 건 괜한 기우에 불과했고 같은 꿈을 꾸고 한 곳을 바라보는 것에 나이는 아무런 걸림돌이 되지 않았다. 다만, '미아'에도 '의정부'에도 스터디가 있었지만 다 참여할 수 없는 사정이 아쉬움으로 남는다. 인터넷 강의에서나 뵙든 교수님의 표정 하나 단어 하나하나에 촉각을 세우고, 그리고 무엇보다 내게 부족한 것을 메우려고 지나치듯 말씀하시는 교수님의 한 마디 한 마디에도 나는 끊임없이 메모를 해 댔다. 문득 '공부 못하는 것들이 꼭 필기는 열심이더라.'는 우스개가 떠올랐지만, 기억력 암기력보다는 메모만이 나의 살길이라는 절박함에서 오는 몸부림이었는지도 모른다.

그리고 이 염천의 또 다른 '나의 자아 찾기, 지리산 종주'라는 새로운 모험을 감행했다. 이 매력적인 두 낱말 사이에서 나는 얼마나 망설여야 했는지 모른다. 작년 말 즈음 무릎 이상으로 찾은 병원에서는 내게 등산은 가급적 삼가라는 통보 같은 진단이 있었다. 이후 팔, 구백 고지의 산행은 물론 천 고지가 넘는 산은 아예 꿈도 꾸어보지 못하는 저질 체력이 되었지만, 어느 한 편 지금 이 나이에 도전을 못 한다면 언제 다시 이런 기회가 있을까 싶어 지인들과의 동행을 결심했다. 매일 가까운 야산을 오르내리며 워밍업을 하고 시원한 밤을 이용해 동네 산책로를 빠르게 걷기도 했다. 드디어 칠월의 끝자락 나는 또 다른 낯선 길을 찾아 길을 떠났다. 늦은 나이에 시작한 학업만큼이나 무모할지도 모르는 시도였지만 나는 해냈다. 뿌연 새벽안개를 뚫고 노고단 산장과 마주했으며, 유병숙 선생님의 작품 속 '구름 내'를 나는 보고야 말았다.

끝없이 펼쳐진 백두대간, 인간이 인위적으로 만들 수 없는, 조물주가 빚어낸 비경은 쉽게 보여주지 않으려고 지리산은 하얀 목화솜을 펴 덮느라 바쁘다. '구름 내'를 만들어내며 시시각각 변하는 백두대간의 선경에 고단함도 잊고 가슴이 벅차올랐다. 멀쩡하던 날씨는 고지로 향할수록 비를 뿌리다가 또 언제 그랬냐 싶게 햇살을 보이는 여러 개의 얼굴이 연이틀 지속했다. 자연 앞에 우리 인간이 얼마나 미약한 존재인지, 산은 나 자신을 돌아보고 겸허하게 만든다. 물안개와 짙은 운무에 가려진 풍광 앞에 안개가 걷히기만을 기다리는 인간, 그렇게 우리는 지리산이 내어줄 때까지 기다려 발아래 펼쳐진 아름다운 구름바다 구름 내를 나는 끝내 보았던 것이다. 운무의 가려진 그날에 숨 막히는 풍광과 지리산의 매력을 나는 평생토록 잊지 못할 것이다.

매시간 변하는 날씨는 높은 해발로 인한 지형 때문일 것이리라 추측된다. 한여름의 높은 기온과 습도는, 땀과 빗물로 몸에 감기는 꿉꿉한 옷과 배낭, 그리고 나의 두 다리는 도착지가 가까울수록 모래주머니라도 매단 듯 점점 무거워졌다. 남들보다 산행 경험도 적고 더구나 저질 체력으로 따라나선 참이니 일행에 짐이 될까 봐 일행보다 항상 먼저 출발하고 같은 페이스에 맞추려 노력했다. 무더위와 함께 또 다른 복병은 양쪽 어깨를 누르던 거대한 배낭에 무게였는데 경험 부족에서 오는 이런저런 시행착오도 이젠 웃으면서 이야기할 수 있다. 그리고 우리는 천왕봉 표석을 정점으로 무사히 도착점을 찾아 하산했다. 다른 누구보다 감흥이 남다른 나의 지리산 종주, 하산 후에 맛보는 성취감은 도토리묵과 막걸리, 산채비빔밥의 맛보다도 분위기보다도 뭔가 해냈다는 안도감은 먹지 않아도 배부른 뿌듯함이었다.

등산화 속에 잡힌 몇 알의 물집과 단 이틀간에 농부처럼 그은 얼굴은 지리산을 몽땅 내 눈 속에, 가슴속에, 그리고 영원히 잊히지 않을 추억과 맞바꾸었다. 그만하면 밑지지 않는 거래였으며 보너스로 자신감을 얻었으니 이런 수지맞는 거래가 어디 있을까. 분명 무엇을 시작하기에 망설여지는 나이, 기억력과 암기력이 퇴화하여 무엇을 새로 시작하기에는 늦은 나이라는 것도 알지만, 어찌 보면 썩 불리한 것만도 아닌 것이, 우리가 살아온 질곡의 역사를 직간접으로 체험한 것이며, 그간의 독파한 도서들도 나름 도움이 된다고 믿고 있다.

그리고 지금 나는 국문학사에 길이 남을 논문을 남기겠다거나 하는 원대한 꿈을 가지고 학업을 시작했던 것은 아니다. 단지 어려서부터 책을 좋아했었으며, 그 세계가 좀 더 궁금하고 좀 더 알고 싶어 한 발 내디뎌 본 것이다. 분명히 이 선택에는 중년의 무료함이 적용되었지만 그렇다고 대충하고 싶은 마음도 없다. 물론 마음먹은 대로 점수가 나오지 않아 아쉬움이 남고 걱정도 앞서지만 이 시간, 나보다 훨씬 젊은 친구들과 어깨를 나란히 수업을 듣는 것도 어찌 보면 꿈같은 일 아닌가, 이만큼의 용기를 냈으니 작은 책임도 뒤따라야 할 것이다. 부족한 학점을 채우려 계절수업도 들을 각오가 되어 있으며, 지리산 구석구석을 밟던 어제의 시간을 떠올려 용기백배 파이팅 할 것이다. 낯선 길을 가다 보면 좋은 길도 만나고 자갈길도 만날 테지만 뭐 어떠랴, 다 지나고 나면 그 또한 추억이요 인생인 것을.

『한국에세이』 5집, 『포천문학』 14집

*귀착점歸着點

오뉴월 염천과 지루했던 장마, 태풍이 동반했던 폭우도 한바탕 지나갔다. 그리고 남은 건 올여름 마지막 늦더위 폭염만이 남아있다. 무더운 여름날, 늘어지듯 무심한 일상의 어느 날 생기를 불어넣는 들뜬 목소리다. 비교적 안정된 직장과 원만한 가정생활을 꾸려가는 큰언니의 셋째 아들이 오랜만의 외가 나들이를 계획했다는 전화였다. 열 명이 훨씬 넘는 많은 조카가 있지만 그 '이질'은 유독 외가를 좋아하고 잘 따라서 외삼촌들이나 이모들한테 사랑도 더 많이 받는 조카다. 다른 조카들보다 외가 출입이 잦기도 했지만, 나이 차이가 크지 않은 두 외숙과 막내 이모와 함께 보낸 많은 시간으로 추억도 이야기도 더 많기 때문이다.

외가에 대한 향수를 갖는 이는 많다. '잘그랑' 워낭소리가 들리는 외양간의 풍경과 한없는 사랑으로 등을 토닥여주는 외할머니의 존재가 더해지는 곳, 그러나 이것만이 외가의 풍경은 아니었을 것이다. 유학이 몸에 밴 까닭일까 작은 잘못에도 추상같은 나무람과 훈시로 이어지는 외할아버지 그 위엄의 눌려 기도 못 펴고 재미도 없었을 것 같은데도 언제나 지난 시간이 그리워 외가 나들이를 매번 기다린다는 그 아이가 고맙기만 하다. 어쩌면 그것은 나이 듦의 더해가는 회귀본능일지도 모른다. 거기다 많은 형제 속에서 미미할 수밖에 없었을 자신의 존재가 외가에 오면 존재감은 물론 충분히 사랑받는 사람이라는 것을 확인받는 곳이기도 했으니 외가에 집착하고 또 그리워하는지 모른다. 그런 자신을, 처는 잘 이해 못 해준다고 이르듯 너스레 떠는 통에 웃음이 절로 난다. 친정 오라버니도 동생도 다 불러들여야 하는 이유가 된다.

그 이질에게 외가는 어떤 느낌이었을까. 그의 발길을 붙잡은 빛바랜 흑백사진 속에 담긴 그리움은 아마도 무조건 자신의 편이 되어주시던 외할머니와 나이 차이가 크지 않는 외삼촌들과 막내 이모가 같은 세대라는 것도 이유가 될지 모르겠다. 그렇다고 우리 어머니가 그 아이가 기억하는 것처럼 매사 자상하신 분이셨을까? 물론 아닐 수도 있지만 어쨌든 손자를 바라보실 때만은 언제나 사랑이 넘치는 전형적인 할머니셨다. 1970~1980년대 시대가 많이 변했음에도 변하지 않는 유교적 성향을 지니신 아버지로 인해 어머니는 더 많이 힘드셨을 것으로 추정된다. 넉넉지 않은 살림살이, 가난한 선비이신 아버지께서 생활력이 강하셨을 리 없고 쇠잔하신 근력 탓에 어머니는 늘, 일에 치이셨다. 그런데도 어머니는 늘 다른 사람이나 특히 외손들에는 한결같이 안온한 얼굴과 웃음으로 대하셨는데, 외가를 푸근하게 생각하는 첫 번째 이유일 것이다.

그 어머니의 외손 사랑 중 하나다. 추석 전후해서 수확을 하는 재래종 밤나무가 몇 있었는데 어머니는 부엌 바닥에 작은 구덩이를 파고 음력 시월에 올리는 시제와 할머니 기일에 쓰일 밤을 묻고, 설날과 큰어머니 기일의 쓰일 밤도 또 다른 구덩이에 차례로 묻는다. 그리고 세 번째 구덩이에는 외손자에게 먹일 밤을 묻어 놓고 겨울방학을 기다리셨던 어머니, 보관법 때문이었는지 한겨울이면 웬만한 과일보다 더 맛있었는데 그 토종의 맛을 어머니는 외손자들에게 꼭 보여주고 싶으셨던 것 같다. 그리고 거부할 수 없는 연결고리가 있다. 외숙질 간의 연령차가 크지 않고 비슷해서 인지 취향이 같고 취미가 같아 크고 작은 추억을 함께 공유했기 때문일 것이다.

'일필휘지' 거침없는 명필 오라버니를 흉내 내고 모방하다 동생도, 조카도 그 필체와 똑같이 닮아가 나름 명필 소리를 듣는 것도 그렇지만, 무엇보다 획기적인 사건은 오라비가 군에 간 사이 남동생은 아버지의 눈치를 살펴 통기타 하나를 장만하기에 이른다. 아버지는 어쩐 일로 강경하게 못 하시고 모르는 체 묵인하셨는데 아마도 당신이 쉰 넘어 부신 막내에 대한 애틋함에 딱 한 번 너그러우셨던 것 같다. 통기타 교본 하나에 매달려 기타를 배우고 당시 젊은이들이 그러하듯 밤새 기타를 치고 노래를 부르며 화음도 넣어보고 외숙질 간의 멋진 앙상블을 만들어 냈다. 당시 농경사회 전형은 중·고등학교 학생이라도 하교 후에는 부모님 일손을 돕는 일에서 예외일 수 없었다. 설사 몸에 익지 않은 농사일에서 열외 된다 해도 소먹이를 위한 꼴은 베어야 했다. 한여름

밤 피곤함에 지친 몸으로 마당에 누워 바라보았던 쏟아질 것 같은 무수한 별도 매캐한 모깃불도 모두 공유한 자들만의 아름다운 추억이다.

그리움으로 기다려온 해후에 식탁, 그래 봐야 갑자기 들이닥친 조카를 위해 준비된 안주는 삼겹살과 좋아하는 약간의 전과 과일, 급조한 티가 나지만 우리에게 필요한 건 다소의 안주가 아닌 함께 할 수 있는 시간이다. 식탁 위에 놓인 안주보다 밤새 풀어놓아도 끊이지 않는 지난날의 추억이 훌륭한 안주가 될 것이다. 서로의 안부를 물으며 술이 몇 순배 돌자 누가 먼저랄 것도 없이 시작된 옛이야기, 아마도 그 아이는 이 추억의 시간이 그리워 여름휴가의 한 귀퉁이를 내어 달려왔을 것이다. 밤이 이슥하도록 술잔을 기울이고 앞서 했던 말 처음인 듯 또다시 풀어내도 다시 들어주고 또 웃어준다. 추억의 길을 따라 찾아온 곳에 하얀 머릿수건을 쓰신 외할머니가 주름진 얼굴로 웃고 있고, 밤새 두들겨대던 기타 소리, 함께 부르던 노래 한 소절에도 이모가 떠올라 가끔 눈자위가 붉어진다는 말에 가슴이 뭉클해 온다. 내년이면 오십이 되는 조카와 한자리에 앉아 머리숱이 줄어드는 안타까움을 공유하고 점점 더 나와 걱정이라는 아랫배 얘기에 배를 잡고 웃어 젖히는 원초적이고 격의 없는 대화를 하면서 그간의 격조했던 시간은 이미 사라졌다. 서로의 변해가는 얼굴을 바라보면서도 세월의 틈을 실감하지 못한다. 그냥 서로의 뇌리에는 언제나 똑같은 모습으로 남아있기 때문이다.

그간, 살아가면서 어찌 좋은 일만 있었으랴, 위에서 누르고 아래에서 치받는다는 직장생활, 힘들고 지치고 난관에 부딪히며 생활인으로 가장으로 삶의 무게에서 놓여 날 수 없는 현실 속에 조카는 어느새 중년 남자가 되어 서 있다. 이곳에 달려오고 싶은 간절했던 마음만큼 만남의 기쁨 또한 배가가 되었기를 바라는 마음과 오늘의 만남으로 또 하나의 멋진 추억앨범이 추가되었기를 바란다. 추억을 곱씹고 살아간다고 삶이 퇴보하는 것은 아니라고 믿고 싶다. 더 나은 미래를 위해 앞으로 나아가는 삶도 중요하지만 추억으로 각인된 지난 시간을 거슬러 돌아와 마주할 수 있는 귀착점이 분명 필요했으리라. 우리가 살면서 학교에서 사회에서 찾을 수 없던 해법들을 유년의 추억 속에서 해답을 찾거나 긍정적 기운과 새로운 에너지를 얻는 기점이 필요하다면 우리는 과거 어느 때쯤에서 꺼낸 작은 추억의 귀퉁이에도 우리가 돌아가 쉴 수 있는 귀착점이 되어 주리라는 것의 의심하지 않는다.

이 밤에 추억을 함께 즐기지 못하고 이 시간이 낯설어 조용히 관망하는 이들이 있다. 지난 추억 속에서 배제된 올케들과 내 남편과 아이들, 그들은 우리가 밤새 풀어놓는 이야기의 가닥을 궁금해하지 않고 작은 호기심도 보이지 않는다. 그들은 왜 우리들의 추억 바라기에 관망만 하는가. 그들의 가슴속에 투영될 수 없는 우리만의 시간, 함께 공유하지 못한 많은 시간은 그들에게는 생판 남의 이야기나 다름없기 때문이다. 조카가 집을 나설 때 아내에게 외가를 거처 본가 엄마한테 간다고 하자 영 의아해하더라는 이질부 역시도 우리의 추억 속에 초대받지 못한 관망자요 주변인이었던 때문이다.

오늘의 만남을 위해 여름휴가를 기다려 왔다는 그 아이, '설 명절 추석 명절' 휴가는 당연히 고향의 노모와 선산을 찾는 일정으로 획일화되어 있지만 여름휴가야말로 진정한 휴가의 의미 아닌가. 어쩌면 평범한 사람들처럼 휴식 같은 휴가를 기다렸을 이질부를 생각하면 좀체 미안한 맘이다. 일주일의 휴가 중 삼일은 아내를 위해, 그리고 마지막 삼일은 어머니를 위해 가는 길, 그 남은 날의 틈바구니를 비집고 찾아온 조카로 인해 외숙들도 이모도 모처럼 여유롭고 느슨하고 온전한 추억의 시간을 보냈다. '동상이몽'이라는 옛말처럼 모두가 꿈꾸는 획일적인 휴가를 거부하고 그리움이 내재한 감성 여행길을 택했던 그 아이의 오늘이 먼먼 후일의 귀착점이 바로 오늘이었기를 바라는 마음 간절하다.

2011, 맹하에

*따위라니

내가 그때 그곳에서 말도 안 되는 오류를 발견한 건 지극히 우연이었다. 인터넷이든 그 어떤 것이든 사람이 하는 일이고 보면 오류가 생길 수 있고 오류를 발견하면 수정하면 그뿐 아닌가, 내가 아니어도 그런 오류를 지적하고 바로잡을 사람들은 얼마든지 있을 것이고, 제의나 요구 이런 단어들은 나와는 무관하고 어울리지 않는 단어라고 생각했었다. 하지만 생각할수록 부당한 단어가 쓰인 것만 같아 용기를 내어 수정 제의를 해 보았다.

발단은 근동에 사시는 지인으로부터『면암 최익현 선생 편지집』을 선물로 받으면서부터 선생의 업적과 행적을 더 알고 싶다는 작은 호기심으로부터 시작되었다. 편지글 번역본에는 일신의 영달을 꾀하지 않고 상소로서 직언을 아끼지 않으시던 강직했던 선생께서 거제도 제주도 등지에서 유배생활을 하시면서도 고향 부친께 드리는 문안 편지와 집안 가솔들에게 보내온 많은 편지를 우리글로 번역 발간한 귀한 것이었다. 어떻게 살아가는 것에 미숙하던 남편과 나의 젊은 날, 어떻게 살아가야 한다는 방향 제시와 삶의 지표가 되어주시는 지인께서 내게 주려고 한 부 더 구하셨다는 말씀과 이곳 포천에 자랑이시라는 선생의 존함만으로 그 선물의 의미는 남달랐다.

21세기를 사는 현실에는 다소 동떨어진 단어라고 치부할지도 모르는 충忠과 효孝 유교 관념이 뼛속까지 배인 전형적인 선생의 편지글은 보며 시대의 아픔이 고스란히 읽혔다. 오랜 지병 안질로 고생하는 부친을 매양 걱정하여 자식으로서 안타까운 소회의 서찰과 병약한 아내로 인해 어른들께 끼칠 심려를 우려해 '익모초를 구해 달여 먹어보시오.'라는 단 한 줄에도 지아비의 사랑이 드러나기에 충분하지 않은가. 오늘날 우리 편지 말미에 쓰이는 '추신'같은 맥락에 편지글 사이사이에 가는 세필로 쓰인 덧붙임은 오랜 유배 생활로 떨어져 있는 가족들의 안위를 걱정하는 가장의 아픔과 세심함이 묻어난다. 할 말은 많고 지면은 한정돼있고 긴 유배 생활로 가장의 역할을 다 할 수 없었던 선생의 편지는 가족을 향한 지극한 사랑과 관심을 보이는 애잔함이 녹아있어 뭉클해진다.

무심히 책을 보아 넘기다가 컴퓨터를 이용해 선생에 관한 자료를 더 보고 싶어 검색창에 '면암'을 쳐 보았다. 역시나 일목요연하게 정리된 선생의 일대기는, 독립운동가, 조선말의 문신이요 학자이며 애국지사, 우국충정 어린 끝없는 상소와 직언으로 수차례 유배생활을 하시게 된 선생의 업적이 잘 요약되어 있었다. 더욱 감동케 하는 일은 74세의 고령임에도 당시 을사늑약 체결에 비분

강개하여 항일운동을 촉구하며 의병을 일으켜 항일운동을 하시다 체포되어 대마도에 유배되신 사건이다. 그럼에도 선생은 당신의 뜻을 굽히지 않으셨으며 적의 음식 또한 입에 대지도 않았다. 조선에서 떠온 물만으로 단식을 하다가 끝내 순국하신 일화는 선생의 강직한 성품을 그대로 읽을 수 있었다.

호기심을 못 이겨 국어사전에는 어떻게 등재되어 있나 확인하고 싶어졌다. 그때 그곳에서 나는 말도 안 되는 그 오류를 발견하게 되었다. 사전에는 구한말의 문신, 학자, 애국지사(1833~1906) 자는 찬겸 호는 면암… 등의 국어사전 특유의 짧고 간결하게 정리된 것까지도 좋았다. 그러나 말미에 '저서에 『면암집』 따위가 있다.'라는 수식어가 마뜩잖았다. 내가 알고 있는 따위라는 단어는 부정적이고 저속한 표현인 것만 같아 눈에 거슬려 막연한 배신감으로 기분이 상했다. 하지만 내 짧은 국어 실력을 의심할 수밖에 없어 다시 '따위'를 국어사전에 클릭하니 의존명사와 명사로 분류되어 있었다. 뒤에 명사는 내 예상대로 '앞에 대상을 낮잡아 부정적으로 이르는 말.'이라고 되어 있었고 '의존명사'의 따위는 앞에 열거한 것을 수식한다고 되어 있었다. 앞에 열거한 것이라면 선생께서 집필하신 『면암집』을 들 수 있는데 어떻게 그런 단어가 쓰여야 하는지 개운치 않고 하필 '따위' 인가에 반발이 생겨 담당자에게 수정 요구를 하게 됐다.

복잡하지 않게 단어 하나만 바꾸면 될 것 같은 짧은 생각에 담당자에게 메일을 남기게 되었다. 얕은 지식이지만 적어도 '저서에 『면암집』 따위가 있다.' 보다는 최소한 '저서에 『면암집』 등이 있다.'라고만 바뀌어도 한결 부드러울 것 같았다. 물론 고민을 안 한 것은 아니다. 주저하고 망설였지만, 궁극에는 수정하는 게 맞을 거라는 생각에 담당자에게 글을 남겼고 잘 접수가 됐다는 메일이 이틀 뒤에 왔다. 그로부터 며칠 뒤 담당자 모 씨로부터 [국립국어원] 사전 편집자에게 '수정 제의'를 전달했으며 편집자의 검토를 거쳐 수정된다면 약 2주 이상의 시간이 소요된다는 친절한 메일을 받았다. 초조했던 마음이 눈 녹듯 사라지고 수정 요구에 대한 친절한 답글에도 내심 고맙고 감사했었다.

어쩌면 그 단어의 쓰임이 바른 것인지도 모를 일이다. 내가 미처 모르는 적정한 표현일지도 모른다는 생각도 스쳐 지나갔다. 그러나 어찌 됐든 고결하신 선생님께는 가당치 않고 어울리지 않은 단어라는 생각에는 변함이 없었다. 그러나 수정이 될 것이라던 2주가 지나고 한 달, 또 한 달 시간이 흘렀다. 수정은 고사하고 '검토 결과 적정한 단어였다.'는 식의 담당자 회신도 없었다. 조선말의 문신, 학자, 애국지사, 그 많은 수식어는 그만두고라도 항일 운동 중에 일본에 체포 되어 대마도 유배지에서 순국하기까지의 고결하신 인품에 '따위'라는 부정적 단어가 쓰인 것도 짐짓 화가 나고 속이 상한데 용기를 내서 수정 제의를 했음에도 소정의 절차를 거쳐 정정될 것이라는 말에 막연하게 기다리는 내가 점점 작아지고 초라해진다. 담당자는 나에게 '어떤 절차가 진행 중이어서 늦어지고 있다.'라던가, '검토 결과 정당하게 쓰인 단어라고 합니다.'라는 식의 자신들을 정당화시키는 일련의 사정까지도 내게는 알릴 의무가 있지 않을까.

도대체 내가 한 일은 무엇이었나? 해명 한마디 없이 시간은 무수히 지나가고 잘 되리라던 그 담당자의 말만이 공허하게 귓전을 떠돈다. 아직도 종무소식인 그들에게 한껏 격앙된 목소리로 나무라고 싶다. 따위라니! 따위라니?

2010, 『포천문학』 12집

*벌罰

얼마 전 버스에서 보았던 한 무리의 남중생들이 생각난다. 한창 조잘댈 나이, 버스 안의 다른 승객은 개의치 않는 당당한 행동은 과연 요즘 아이들답다. 요즘 세태가 그렇듯 아이들의 대화는 반 이상이 상스러운 비속어 일색이다. 솜털이 보송보송한 저 아이들의 입에서 거친 단어가 튀어나올 때마다 가슴이 답답해져 온다. 한 아이가 무용담처럼 담임한테 대들고 교실을 박차고 나간 이야기를 한다. 그런 제 행동에 같은 반 다른 친구들이 우르르 따라 나오더라는 이야기를 마치 영웅이나 된 듯이 떠드는 모습에 차마 귀를 막고 싶은 지경이다. 각자의 집으로 돌아가면 아직도 부모에게 응석이 남아있을 것 같은 저 아이들을 어쩌란 말인가. 어디로 튈지 모르는 질풍노도의 아이들을 온전하게 교실에 묶어두는 것이 과연, 최선인 걸까. 우리 교육의 현실을 생각하게 한다.

우리 아이들의 바른 인성을 심어주고 일차적 교육의 장이 되어야 할 가정은, 언제부터인지 우리 아이들을 일정량의 온도와 일정량의 햇빛과 공기와 수분을 공급하는 온실 속에 화초로 만들고 말았다. 산업화가 진행되던 즈음부터 기성인은 경제활동의 주역이 되어 열심히 살아왔고, 그 반대급부로 자신의 아이들에게 무엇 하나 어려움 모르는 풍요를 만들어주었다. 변화된 일상의 부모는 바른 언행과 기본예절의 교실이었던 '밥상머리 교육'을 간과하게 되었고, 우리 아이들은 점점 자신들의 요구가 커지고 거칠 것 없는 아이들이 되어가고 있다.

버스 안을 둘러보니 창밖에 시선을 빼앗긴 사람들 몇을 두고는 모두 귀에다 이어폰을 끼고 있다. 누구 한사람 아이들에 언행을 제지하거나 나무라지 않는다. 나, 이외 타인에게는 작은 관심이나 눈길조차 부담이 되는 현상은 현대인이라는 미명하에 만들어진 우리들의 현주소인가 싶다. 아무도 공공생활 질서의 서툰 우리의 아이들을 제지하거나 나무라지 않는다. 나도 예외는 아니어서 그런 아이들을 향해 따가운 눈총 한번 건네지 못하는 소인배가 되어 머릿속에는 우리의 맹점인 개인주의의 팽배만을 탓하며 다만 두고 온 이어폰 생각만이 간절한 이중적 인간이었음을 부끄럽게 고백한다.

주위 다른 사람들의 시선을 의식하지 않는 아이들, 아이들의 일상어가 되어버린 비속어들의 근원지는 바로 우리 기성세대임은 두말할 것도 없으니 낯이 뜨거워지고 답답해져 온다. 막, 버스에서 내린 아이들은 채 바뀌지 않은 건널목 신호도 무시한 채 무리를 지어 건너간다. 역시나 아무도 아이들을 제지하지 않는다. 오죽하면 어디로 튈지 모르고 세상 무서울 게 없는 아이들이라는

'중2병'이라는 신조어가 생겨났을까. 그런 신조어가 또 아슬아슬한 줄타기를 보는 것 같아 또 가슴이 조마조마하고 안타깝다. 타인의 시선과 관심을 거부하는 요즘 아이들의 철저한 개인주의와 냉소적으로 변해가는 것에 알 듯 말 듯 막연한 죄책감이 든다.

지금, 저 아이들의 바르지 않은 언어 구사와 적절하지 않은 행동에 그러면 안 된다는 강한 어필을 부모님을 비롯한 누군가에게 들어보았을까. 우리의 오래된 가정교육 중에 체벌을 생각한다. 이 졸필의 주인도 사내아이 둘을 키웠다. 다행히 별 말썽 없이 성장했다고는 하지만 어디 크고 작은 일이야 전혀 없었을까. 느닷없는 고열로 발을 동동 구르던 날들과 한밤중에 심상찮은 숨소리에 깨어 큰아이에 멈추지 않는 코피에 놀라 허둥거리던 그 밤은 아직도 가슴이 서늘하다. 그런 건강한 외적 성장도 중요하지만, 내겐 바른 인성을 길러주는 부모의 역할이 더 어려웠던 것도 사실이다. 내 아이를 심신이 모두 건강한 아이로 키우고 싶은 마음은 사랑과 훈육 사이에서 적지 않은 혼동을 일으켰다. '엄부자모'보다는 육아와 교육에 있어 바쁜 아버지를 대신하는 '어머니의 역할론'이 대두하는 시점이라고 생각된다.

부모가 되고 나면 내 아이가 적절치 못한 행동이나 언행을 보일 때, 어떤 제제 어떤 체벌이 적정한가를 몰라서 크고 작은 시행착오를 경험한다. 어린아이들에게도 인격이 있으니 어머니의 감정이 개입된 체벌을 모를 리 없다. 부끄러운 과거지만 주위에 아무거나 잡히는 대로 매를 들어 아이를 체벌했다가 난감한 적이 있었다. 아이가 자지러지는 통에 놀란 나는 그 상태로 내 종아리를 때려보았다. 과연 아이가 자지러질만했으며, 이후 나는 플라스틱 파리채는 두 번 다시 들지 않았다. 우리들의 부모 세대들을 떠올려 보았다. 그분들은 체벌에 앞서 회초리를 가져오게 하셨다는데 대부분의 전형적인 부모님 모습이었을 것이다. 회초리가 마련되는 동안 부모는 화를 삭이고, 자식은 회초리를 만들며 반성을 하라는 교육적 측면의 체벌이었다고 말할 수 있겠다. 무엇보다 가장 이상적인 부모는 친구 같은 부모이겠지만, 자식을 이해하고 믿어주는 좋은 부모 됨, 역시 어려운 과제인 것만은 분명하다.

오래전 보았던 텔레비전 프로 〈개그 콘서트〉의 코너 하나가 나로 하여금 아무 생각 없이 웃게만 하지 않았다. '팔천억'이나 한다는 차세대 전투기를 협상하는 장면이다. '팔천억', 그 가격이 아니면 협상은 어림없다는 무기상들, 협상가로 투입된 막무가내 아낙들은 '차세대'를 빼고 8억에 달라는 둥 억지를 부린다. 현실성 없는 협상을 벌이는 두 아낙으로 인해 객석은 폭소가 터진다. 협상이 여의치 않아 그들이 서둘러 내민 히든카드는 어디로 튈지 모르는 예측불허의 존재, 중2 여학생의 등장이었다. 막무가내 겁 없는 아이들의 거침없는 행동에 웃음보다도 알 수 없는 슬픔이 엄습한다. 저 솜털이 보송보송한 여학생의 무서운(?) 행동에 무기 협상가들이 차세대 전투기를 8억에 내준다는 억지 설정이다. 지금 시점에서 웃어야 할까 울어야 할까, 어쩌면 지금 화면 속의 어디로 튈지 모르는 거침없는 행동으로 기성인들의 꼼짝 못 하게 하는 저 모습이야말로 현재 우리 아이들의 모습인지도 모른다는 생각을 하니 참으로 웃픈 현실이 아닐 수 없다.

과제물로 접했던 미셸 푸코(프랑스의 철학자, 역사학자)의 저서 『감시와 처벌』은 원형 감옥의 반대쪽 감시 초소에서 많은 인원의 죄수들을 관리 감독하는 이야기와 우리의 삶 속에 모든 처벌의 기구를 저자는 가정, 학교, 군대, 병원, 공장 등이라고 분석하고 사실상 근대사회를 감금 사회, 처벌 사회, 감시 사회로 규정지었다. 그 도입부를 읽다가 나는 그만 吐를 유발할 것 같은 메스꺼움과 진저리 치도록 잔악한 체벌에 놀라 몸서리를 쳤었다. 광장 네거리에서 죄수의 사지를 묶고 그것들을 다시 네 마리의 말에게 묶어 채찍을 가해 각기 달리게 해 사지를 찢기게 하는 체벌에 놀라 모골이 송연해 진저리가 쳐졌다.

또 다른 끔찍한 체벌이 있다. 중국 최고 역사서 『사기』의 저자 '사마천'에 대해 검색 창에서는 '죽음보다 못한 궁형'을 받고서 부친 '사마담'이 편찬해오던 『사기』를 끝까지 집필한 위대한 인물로 역사가는 기록했다. 그의 비화는, 기원전 99년 무제의 명으로 흉노를 정벌하러 떠났던 장수 '이릉'이 전쟁에 패하여 투항한 데 대하여 사마천은 친구였던 '이릉'을 변호했고, 그 일로 황제의 노여움을 사고 죽음에 이르렀다. 당시 죽음을 면책할 거액이 없는 사마천은 궁형을 받아들였다고 전한다. 그가 부친의 유업이었던 역사서의 완역이라는 목표가 아니었던들 그런 모욕적인 형벌을 감내했었을까? 그와 함께 사마천이 황제의 노여움을 사서 받게 된 궁형이라는 벌은 그 죄과에 대한 합당한 벌이었는가를 생각하게 했었다.

우리의 아름답고 사랑스러운 청소년들의 반항 기질과 언어를 순화시키는 방법은 없을까. 그들의 바른 인성을 위한 규제를 만들어 순화에 힘쓰고 그 규제를 어긴다면 어떤 제재를 가할 것인가. 필자는 감히 아이들에게 미디어의 단절이라는 惡手를 생각해 보았다. 아이들은 물론 우리 기성세대들도 미디어와의 단절은 생각할 수도 없는 시대를 살고 있다. 미디어 특히 스마트폰 없는 생활을 생각할 수도 없는 이 시대, 정보 수집과 각종 게임은 물론 생활 전반의 걸친 모든 것을 스마트폰, 혹은 PC에 의존하는 요즘 아이들에게 '미디어의 단절'이라는 벌칙은 아이들의 반발을 예상할 수 있다. 미디어의 유익보다 미디어의 유해가 염려되는 현실과 달리, 이미 아이들에게서 미디어의 단절은 꿈도 꿀 수 없다. 그런 아이들에게 정해진 규칙에서 벗어났을 때 하루 동안 미디어 금지를 명해보자. 규제를 어기는 횟수에 따라 이틀, 사흘 정도에 따라 일주일, 한 달 동안의 스마트폰 사용 금지령이면 아이들도 달라지지 않을까. 그러나 그 시행의 실마리를 누가, 어떻게, 어떤 방법으로 아이들을 설득할 수 있단 말인가. 이솝우화에 나오는 '고양이 목에 방울 달기'가 생각난다.

2014『한국에세이』7집.

*상처

치열했던 한여름을 보내고 삼십 년을 살아온 내 동네를 떠나올 때 지난 시절의 추억들이 주마등처럼 스쳐 갔다. 11년 전, 250여 평의 대지 위에 희망과 기대감으로 지었던 내 작은 보금자리가 헐릴 것이라는 예견만으로도 우리는 맥없이 이별을 수용해야 했다. 이미 수년에 걸쳐 소문처럼 들리던 민자 고속도로의 신설이 공식화되고 시작과 함께 가속화되기까지 모든 수순은 급물살을 탔다. 진행은 너무도 빠르게 이어져 내 집을 둘러싼 주변 이웃이 하나둘 떠나가고, 흉측한 몰골로 헐리는 모습도 지켜보아야 했다. 온종일 소음과 흙먼지와 싸우며 남아있는 우리는 마치 다른 세계에 살고 있는 것처럼 느껴지기도 했다. 9학기에 접어들어 졸업 학점을 채워야 할 나의 시간과 취업 시험을 앞두고 온종일 책상 앞에서 보내야 했던 작은 애의 금쪽같은 시간을 온종일 건축 폐기물을 실어 나르는 대형 트럭과 중장비 소음을 견뎌내다가 쫓기듯 동네를 떠나왔다. 인간들의 편리한 생활을 위한 문명의 이기, 그 필요불가결한 제도는 합당하다거나 충분한 보상이라는 대의명분 앞에 누군가에게는 이렇게 상처를 준다.

학교 친구들과 오랜 만남을 가져오던 모임이 하나 있다. 그 모임은 한껏 멋 내고 다니던 아가씨 때부터 하나둘 결혼을 하고 아이의 엄마가 되고, 중년이 된 지금까지 우리는 주위에 부러움을 살 만큼 견고한 모임이었다. 자부심을 느낄 만큼 서로에 대한 애정이나 관심도 높아 소위 말하는 여자들 특유의 시기나 질투까지도 모두 초월한 사이라고 믿어왔고 또 사실도 그러했다. 그러나 지난봄, 오키나와 여행을 다녀오면서 우리 모임에 균열이 가기 시작했다. 많고 많았던 우리의 추억에 하나를 더하게 될 오키나와 여행에서 돌아오던 날 인천공항에서 우리는 각자의 집으로 흩어지지 않고 가까운 을왕리 한 횟집으로 향했다. 아내를 마중 나온 한 친구의 부군이 아내의 오랜 친구들의 뒤풀이를 위해 제안을 했고 마침 여행의 아쉬움이 남아 이른 저녁을 먹고 헤어질까, 찜질방 수다를 이어갈까, 하던 차에 적격인 제안이었다. 그때까지도 우리는 여행에서 막 돌아온 들뜬 중년 여인들이었고 또 하나의 잊지 못할 추억을 만들고 왔다는 행복감이 가시지 않은 채였다.

그리고 자정이 다 되어 각자의 집에서 각자의 가족들과 여행의 뒷얘기에 열을 올릴 즘 우리는 한 친구로부터 모임에 그만 나오겠다는 통보를 받았다. 문자 특유에 짧고도 간결한 문장에는, 더 이상의 관심과 관여에서 벗어나고 싶다는 단호하고도 냉기가 느껴지는 말들이었다. 문장의 낯섦, 그리고 이해되지 않는 이 상황은 뭘까? 갑자기 찾아온 이별 통보에 미움과 서운함이 급격하게 밀려온다. 각자의 유년시절을 빼고 거의 반세기 가까운 시간을 늘 지척에서 지켜보며 임의로이 지내왔던 시간이 갑자기 모래 위에 세워진 사상누각砂上樓閣 같다는 생각을 처음으로 해 보았다. 그동안 너무 가까워서 행해지던 관심과 친구여서 더 안타까운 사랑의 질타도 조언도 모두 버거웠던 것일까? 너무 친하고 너무 사랑해서, 더러는 친구를 위한다는 명목으로 행해지던 간섭과 관심이 그녀로 하여 더 지치고 외롭게 했었던 모양이다. 이런저런 일련의 상황을 돌이켜보니 우정과 사랑이라는 베일로 가린 채 자신도 모르게 우리는 가까운 사람에게 얼마나 많은 상처를 주었던가를 생각하게 한다. 시부모 봉양을 다 하고 마지막까지 며느리로서의 절차가 모두 끝난 친구의 경험에서 나오는 조언이나, 완벽을 기하는 성향이 있는 친구의 지적까지 표면적으로는 모두 웃음으로 보아 넘기던 친구는 남모르게 상처를 받고 있었던가 보다. 어떤 말들이 그녀에게 상처가 되었을까? 무엇이 그렇게 날카로운 가시가 되어 그녀를 아프게 했을까, 여행의 흔적에서 유난히 활짝 웃고 있는 그녀를 보며, 처음엔 그녀로부터 우리가 상처를 받았다고 생각했지만, 다른 측면에서 보면 사랑이라는 미명으로 우리가 그녀에게 상처를 주었을 것이라는 자책에 괴로웠다.

시간이 갈수록 우리는 많은 생각을 하게 되었다. 너무 친하고 가까워서 상처인 줄 모르고 무상심하게 내뱉던 말이 상대에게 상처가 된다는 것을 왜 우리는 그동안 인지하지 못했을까, 서로를 너무 잘 안다고 자신해 왔었고 또 어지간한 지적이나 조언도 모두 사랑이요 관심이라고 믿어왔던 자신을 돌아보며 서로에게 주었을지도 모르는 상처에 대해 깊은 후회를 하며 그녀의 마음을 돌리려 무진히도 애를 썼다. '조급해하지 말고 기다려 보자.'고 서로를 다독이고 기다리려 했지만 그녀는 우리 기대에 선을 그었다. 모임에서만 몸을 뺀다던 애초에 그녀 말처럼 그녀와는 전화 통화도 하고 가끔 얼굴도 보고 차도 마신다. 그렇게 표면적으로 달라진 건 아무것도 없어 보였다. 그러나 더 이상의 변별력을 잃은 남은 친구들의 방황은 오래갔다. 모임의 존속 유무를 놓고 고민하는 친구도 생기고 그런 고민을 했던 자체가 또 서운해 상처를 받는 친구도 있었다. 두 마음 다 모두 이해가 간다. 모두 사랑해서 벌어진 일이고 사랑해서 받는 상처가 아닌가.

우리가 살아가면서 주고받는 상처는 대부분 가까운 사람으로부터 기인한다. 그것은 어느 정도 가깝다고 느끼는 순간부터 기대치가 커지고 호감도가 상승해서 자칫 갖추어야 할 최소한의 예의를 벗어나는 우를 범하게 된다. 그렇다고 꼭 우리의 인간관계가 교과서에나 나오는 것처럼 틀의 맞춘 것처럼 정형화된 것도 아니지 않은가, 우리가 대수롭지 않은 듯 무심하게 건네는 일상어 속에서 서로에게 상처를 준다. '살 조금만 빼면 더 예쁘겠다.'라거나 '너무 말랐다 살 좀 쪄야겠어.'라는 관심 표명도 역시 당사자에게는 상처가 된다는 생각을 하지 못한다.

상처의 종류는 다양해 가족에게서도 상처를 받는다. 그 상처는 이해를 통해 곧바로 해소되기도 하지만 내내 진행 중이면 상처가 깊다. 온 국민적 캠페인 금연 광고, 수위를 높여가며 펼쳐지는 금연 캠페인의 과도한 표현에 왠지 가슴이 철렁 내려앉는다. 술이며 담배며 호불호를 선택할 수 있는 국민의 기호품이지만 내 아들의 흡연에는 민감할 수밖에 없다. 청소년기를 무사하게 넘어가 안심했었지만 군 생활은 내 아이를 흡연자로 만들었다. 이후 아이는 어미와의 무수한 대립각을 세우고 서로에게 상처를 주고 또 받는다. 아이는 '얼마나 힘들었으면 그랬겠어요.'라는 말로 자신을 정당화시키지만, 흡연의 폐해를 너무도 잘 알기에 아들에 대한 제재를 멈추지 못하는 내 상황도 변하지 않는다. 간청과 질타로 이어지는 어미의 회유에 '언제까지만'이라는 틈을 만드는 결단력 없는 아들에게 또 실망하고 상처를 받는다.

인과관계에서 보면 우리의 삶은 언제나 돌고 돌아서 제자리로 온다. 어쩌면 지금 내가 받는 상처는 나 자신이 언젠가 만들어낸 불씨였을 수도 날카로운 가시였을 수도 있다. 너무 친하고 사랑해서, 혹은 가까워서 주고받는 상처는 무수하게 많았을 것이다. 친구 혹은 동기간이나 사회의 여러 인과관계 속의 발생하는 크고 작은 오해와 갈등을 해소하기에는 소통이라는 처방이 있다. 갈등의 간극을 좁히고 화합을 위한 소통의 방법론을 두고 많은 이견이 있을 수 있지만, 내가 상처받는 것이 두렵다면 무엇보다 타인을 위한 배려가 우선시되어야 할 것이다. 나, 혹은 '우리'라는 이기심으로 벽을 만들기보다 모두를 아우르는 배려야말로 인과 관계의 꼭 필요한 필수 덕목이지 않을까 생각을 해본다.

2015. 11

*그리움도 때론

칠월 말 즈음의 어느 무덥던 밤이다. 잠자리에 막 들었는데 작은아이가 노크도 없이 문을 밀고 우리 중 누군가 깨어 있는가를 확인한다.

"왜?"

어미가 아직 잠들지 않았음을 확인케 하는 내 말에 아이는 "엄마 소현이라는 사람 아세요? 방금 전화가 왔는데 예전에 엄마 아빠한테 신세 많이 졌다고 하면서…." 하였다.

아이의 말이 채 끝나기 전에 "뭐! 누구라고?" 불에 덴 듯 놀라는 나 때문인지 아이가 더 의아해하며 방금 전 통화 내용을 전해준다. 집 전화벨 소리를 듣지 못한 것으로 보아, 통화는 아이의 손전화로 이루어진 모양이었다. 아이는 엄마 아빠를 찾는 전화에 이미 조용해진 거실을 보며 주무시는 것 같다고 말했고, 저쪽에서 내일 다시 전화를 걸겠다며 끊었단다. 아! 소현이가 누군가, 신혼 살림을 하던 셋집 안채의 손녀, 유난히 검고 아름다운 눈동자를 가진 다섯 살배기 주인아주머니의 손녀 그 아이다. 그간 그분의 안부가 걱정되고 궁금해서 나름대로 사람 찾는 사이트 이곳저곳을 기웃거리던 것이 생각나 지금의 상황이 마냥 신기할 뿐이다.

"아니 네 번호는 어떻게 알았다니?"

놀라움과 반가움에 가슴이 뛴다.

작은아이 말로는 어떤 인터넷 사이트에서 작은아이의 친구 중 누군가를 통해 작은아이의 번호를 알게 되었고(더 자세한 내막은 아직 듣지 못한 모양이었다.) 작은아이 인맥이라야 기껏 학교 친구 아니면 군대 시절 동기이거나 후임 정도일 텐데 정말 용케도 연락이 닿았구나 싶다. 간혹 보도되어오던 크고 작은 해킹 사건이나 정보 유출 등의 인터넷 폐해가 보도되던 것을 생각해보면 오늘처럼 인터넷이 유용하게 쓰일 때가 있다는 것이 새삼 경외심과 함께 마음으로의 찬사를 보낸다.

이십칠 년 전 우리 부부가 막 신혼살림을 시작한 곳에 안집에는 이북 사투리를 쓰시던 60이 조금 넘으셨을 아주머니께서 큰아들과 특히 눈이 예쁜 손녀와 살고 계셨다. 요양이 필요하다는 큰아들을 위해 서울 생활을 접고 시골로 오셨다는데 어쩐 일인지 큰아들은 여행을 즐기는지 친구를 만나러 다니는지 늘 집에는 할머니와 손녀뿐이었다. 아주머니의 예전 직업이던 '사감' 이미지에 걸맞게 조금은 깐깐해 보이는 인상이었지만 오히려 경우 바르고 사려가 깊은 아주머니셨다.

여장부 같고 대범하신 성품이지만 삼십 중반 어린 나이에 홀로 되어 삼남 일녀를 훌륭히 키워낸 보통 이상의 어머니이셨다. 그렇다고 갓 시작한 신혼살이에 큰 도움이 되었을리 만무했을 것이다. 가벼운 수도 고장, 전기 고장 정도를 돌봐드린다거나 늦가을에 김장 항아리를 묻거나 하는 잡다한 일들뿐인데 그런 작은 일까지도 신세라고 생각하는 분이셨다. 그리고 몇 년 뒤 우리가 그 댁에서 나와 이웃하며 살 때 그만 큰아들을 여의셨다. 살을 베어내는 당신의 아픔도 손녀를 바라보던 애틋함으로 엄청난 슬픔을 모두 내면에 감추고 큰일을 치러 내셨다. 도시 생활을 오래 한 까닭인지 이웃간 경조사의 품앗이 같은 관행까지도 모두 신세였다고 생각을 하셨다. 멋모르고 첫애를 낳고 키우던 어설픈 초보 엄마인 내 쪽에서 본다면 오히려 내가 도움받은 일이 한둘이었을까 싶은데도 말이다. 큰아이가 돌도 안 된 어느 추운 겨울밤, 밤새 울며 보채는 아이 소리에 건너오셔서 함께 걱정해주셨고, 시댁 손님의 잦은 방문에 안채의 눈치도 많이 봤어야 했었지만 오히려 신혼살림에 안쓰럽다며 손님 묵어가실 방도 비워 주던 고마운 분이셨다. 어쩌면 나도 그분 도움으로 갈등의 시간을 잘 이겨냈는지 모른다. 이런저런 인연 때문일까, 서울로 이사를 하신 후에도 몇 년은 종종 연락도 하고 또 두어 번 다녀가시며 친동기간처럼 우리 아이들의 커가는 모습을 지켜보던 아주머니였는데 손녀의 대학 합격 소식을 전하던 통화를 끝으로 그렇게 십 년의 세월이 훌쩍 지나가 버렸다.

작은 소동으로 잠이 깬 남편과 쉽게 잠들기를 포기한 나는 오래전 기억을 더듬어 두런두런 이야기를 시작했다. 강단이 있으셨지만 팔순을 이미 넘기셨을 연세이니 아주머니의 건강이 가장 염려스럽다. 또 그 아이, 꼬꼬마였던 그 아이는 또 얼마나 아름다운 숙녀가 되었을까, 자라오면서 조금은 외롭지 않았을까 그리움의 상처는 없었을까, 생기 넘치던 까만 눈동자로 '새댁 아줌마'를 부르며 나를 졸졸 따르던 그 아이가 어른거린다. 나는 아예 일어나 앉아 남편에게 말했다.

"내일까지 꼭 기다릴 거 없이 지금 전화해보면 안 될까? 좀 늦은 시간이긴 한데…"

머뭇거리는 내게 남편이 선뜻 동조를 해준다. 작은아이에게서 번호를 받아들고 그때나 이때나 한 번도 바뀐 적 없는 집 전화를 들어 전화를 걸었다. 그 아이 기억에 도움을 주기 위함이다.

신호가 간다. '한 번, 두 번, 세 번, 너무 늦은 시간인 걸까. 그만 수화기를 내려놓을까.' 찰나에도 여러 생각이 스친다. 순간, 신호가 멈췄다.

"여보세요"

다소 긴장 어린 그 아이의 음성이다.

"소현아?"

나는 오랫동안 그리워했던 그 이름을 불렀다.

"흑!"

대답 대신 들리는 아이의 울음소리. 잠시 울음을 참는 정적에 그만 가슴이 미어진다.

"울지 마, 울지 마 소현아!"

우는 아이를 달래면서 한편 방정맞은 생각이 스친다. '이 아이가 왜 울까? 혹시 아주머니가 잘못되시기라도 했나? 그래서 아이가 우리를 찾았던 걸까?' 내가 아이에게 할 수 있는 말이라고는,

"소현아 얼마나 보고 싶었는데 찾아서 다행이다 정말 다행이야."
하며 혼잣말처럼 중얼거릴 뿐이었다.

아이가 좀 진정이 되었던지, 우리를 한 번도 잊은 적 없다고 힘주어 말하였다

"전요 아직 아저씨 이름이랑 애들이랑 다 기억해요."

그간에 안부를 조심스레 묻자 서둘러 할머니를 깨우는 소리가 난다. '아~ 다행이다. 아직 정정하시구나' 수화기 저쪽 너머에서 소현이의 짧은 설명이 들리고 이내 들리는 아주머니의 음성, 마치 시간을 거꾸로 돌린 듯 음성에서 여전한 힘이 느껴진다. 우리가 시내로 이사를 했다는 잘못된 정보와 너무 변해버린 이 지역의 특성상 우리를 찾을 수가 없었단다. 그간 애타게 그리워한 것은 우리만이 아니었던가 보다. 지나간 날들의 그리움이 한꺼번에 밀려든다. 그 그리움의 끝의 비로소 만난 목소리가 그저 꿈만 같다.

한여름 밤 통화가 있던 그날 이후부터 내게 작은 변화가 생겼다. 아주머니께서 근간에 짬을 내어 다녀가시겠다고 하셨으니 조금 참고 기다리면 될 일이다. 그러나 나는 가만히 기다리지 못하고 자꾸만 그 아이에게 말을 붙여 보고 싶어 안달이 났다. 그것은 소식을 모르고 지나온 지난날에 대한 보상심리이거나 아니면 또 다시 눈앞에서 사라져 버릴 것 같은 두려움 때문인지 없던 버릇이 하나 생겼다. 그 아이와의 문자 대화인데, 내 아이들과의 문자 대화는 남자 녀석들이라 늘 단답형인데 반해, 그 아이는 언제나 아기자기한 문장으로 나를 즐겁게 해준다. 오랜 기간 만나오고 있다는 남자친구 얘기며 아직 공부가 끝나지 않은 학생 신분이어서

결혼을 서두르지 못한다는 사연, 그리하여 지금 할머니께서 당면한 가장 큰 과제가 손녀딸의 결혼을 서두르신다는 것까지도,

생각하면 모두 그리움이요 안타까운 소회뿐이지만, 한 지붕 아래에서의 삼 년을 기억하시고 손녀에게 귀가 닳도록 우리 부부 얘기를 하셨을 아주머니, 부딪치고 부대끼며 살던 시간을 세월은 모두를 아름답게 희석해 주었다. 지금 이 글을 쓰며 정리해보니 평소 좋아하시던 냉면 한번 사드린 기억이 없으니 이 노릇을 어찌할까. 그동안 아이가 자라면서 그늘이 생겼으면 어쩌나, 많이 아파하면 어쩌나 걱정했었지만 그 또한 쓸데없는 기우였음을 기쁘게 생각한다. 잠시 스친 인연에 불과하지만 그 아이가 언제든 기댈 수 있는 든든한 버팀목이 되는 것을 거부하지 않겠다. '이른 시일 내 뵐 날을 고대하며 그 좋아하시던 냉면도 꼭 사드려야지.' 기다림이 이토록 달콤한가를 느끼는 게 얼마 만인가, 이 또한 그 분들이 내게 주는 선물이며 기쁨이라고 믿는다.

2011, 『한국에세이』 3집, 『포천문학』 13집.

*조표자가弔瓢子歌, 조침문에 대한 소고小考

얼마 전 습작기부터 모아온 자료 정리를 하느라 졸작을 다시 들여다보는 계기가 있었다. 년 전 작품 중 『조표자가』란 타이틀의 에세이를 훑어보다 보니 놓친 부분이 보인다. 처음, '최명희 님'의 대표작이라 할 수 있는 『혼불』 속에서 '조표자가'를 만났을 때는 옛 여인이 자신의 살림살이와의 이별, 깨어진 박을 애도하여 규방가사를 지었다는 여인이 마냥 신기하게만 여겨졌었다. 그러나 또 다른 시선으로 생각해보니 '소고당 고씨'의 작은 살림살이를 대하던 애정이다. 매년 심고 열리고 자라 얼마든지 새로 만들 수 있는 '박' 그래봐야 소품에 지나지 않은 박과의 이별을 애도한 '고 씨' 여인의 애교 섞인 해학적 표현과 제스처가 너무 사랑스러워 미소가 번진다.

이와 유사한 글이 고교 교과서에 '조침문'이 있다. 바느질을 하다 부러진 바늘에 '제문'을 지어 애도했다는 여인도 같은 맥락일 것이다. 물론 아녀자로서 바늘이라는 작은 살림살이와는 하루라도 함께하지 않은 날이 없었을 테니 서운함이 없을 수는 없었을 것이다. 그럼에도 '유세차 모년 모일…'로 시작되는 조침문까지 지어서 애도했다 함은 요즘 언어로 좀 과한 리액션이 아니었나 싶다. 그러나 분명 그녀들은 '아녀자', '규방 규수'라는 틀을 벗어던지고 유교적 남성의 상징 '가사'를 짓고 '제문'을 지어 자신들 일상의 일부였던 '바늘과 박'을 떠나보내는 의식을 흉내 내보는 멋스럽고 익살스러운 그녀들만의 해학에 갈채를 보낸다. 더 나아가 그 멋스러움의 경외심마저 드는 것은 나만의 감상적 성향 탓일까?

최고의 풍요를 누리며 사는 우리가 그 두 여인으로부터 먼저 배워야 할 것은 무엇일까? 전후 세대, 특히 민주화 세대로 대변되는 젊은 세대는 풍요의 세상을 살고 있다. 모든 것이 넘쳐나고 소비가 미덕인 양 살아가는 현실은 작은 고장이 생겨도 고쳐 쓰기보다 새로 사서 쓰게 되니 '소중하게 아끼는 것'이라는 말도 '정이 들어 못 버린다.'라는 말도 이미 들어본 지 오래다. 물건을 소중하게 생각하고 아끼는 생활자세가 필요하지만 현실은 자칫 구두쇠와 궁상이라는 오명으로 보이기 쉽다. 필요 이상으로 주위를 의식하고 때로 하지 않아도 좋을 소비를 하는 우리를 발견하곤 한다.

인정하고 싶지는 않지만 우리는 언젠가부터 가치관까지 뒤바뀐 물질 만능 시대를 살아가고 있다. 도덕적이라거나, 신념이라는 단어가 골동품처럼 되어가는 시대에서 살고 있으니 자연이 귀한 것이 없어지고 소중한 것을 잊고 살게 된다. 그런 우리에게 가장 필요한 것은 무엇이며, 가장 소중한 것은 무엇일까. 성공과 성취, 혹은 쟁취라는 무한 경쟁 속에서 살아남으려는 안간힘을 조금은 잊고 살자. 그로 인해 무리에서 잠시 이탈한다거나 그들보다 조금 뒤처진다 해도 동요하거나 조바심내지 말자. 시종 여유로움으로 유유자적 살아간다면 우리는 이미 행복한 인생을 사는 것이다.

그와 더불어 옛 여인들의 작은 물건도 소중하게 생각할 줄 아는 소박함과 검약을, 또 인생을 즐길 줄 아는 그들의 멋을 아는 풍자와 해학을 배우고 싶다. 작은 물건도 소중하게 생각할 줄 아는 여유와 하찮은 것들에게도 제문을 지어 이별을 고하던 해학적 여유와 소소한 것에서도 행복을 찾아내는 삶의 여유가 부럽다. 마음을 비우면 조바심도 사라지고 삶이 즐거울 것이라는 평범한 진리도 높은 경지의 수행 같다. 마음의 평화도 행복도 우리 마음자리에 달렸다지만 그 마음 다스리기가 결코 쉽지 않아 우리는 고행의 길을 가는 것이리라.

또, 무엇보다 우리가 간과해서는 안 되는 것 중 하나가 있다. 이 세상에 존재하는 모든 것이 영원하지 않다는 것이다. 마구잡이 벌목, 무분별한 자원 개발, 그로 인해 이미 환경의 변이는 시작되었으며, 빙하가 녹는 속도가 점점 빨라지고 있다는 경고성 뉴스도 이젠 특종도 아니다. 지진과 해일, 인간을 위협하는 재앙들이 빈번하게 우리를 위협하고 있으며 자원 또한 고갈될 것이니 그런 이후에 생활은 아무도 누구도 예측하고 장담할 수 없다.

광속, 마하, 빛의 속도로 인류가 발전하고 있으니 더 좋은 대체물질 대체원료가 생겨나 인류를 구원할 것이라고 낙관할 수도 있다. 그러나 아직 검증되지 않은 결과론을 두고 먼저 축배를 들 수는 없다. 무엇보다 지구 상에 자원은 절대로 무한하지 않음을 인지하고 아끼고 사랑하고 지켜주는 것만큼 더 큰 관심은 없으리라. 사랑하는 내 아이들에게 무엇을 남겨줄 것인가, 지구 상의 소중한 자원과 인류의 삶은 미래의 자원까지 빌려 쓰고 있다는 것을 잊어서는 안 될 것이다. 그리고 미래를 위해 우리가 가진 모든 자원에도 사랑과 관심을 보여 위기를 이겨나갈 힘을 키워야 하지 않을까.

2015, 『허물어진 담장』 (병영백일장수상집 초대작)

*클래식

클래식과 눈, 클래식과 싱크대, 그리고 아줌마 펌, 이런 단어의 조합을 상상이나 했을까, 이 조화롭지 않은 단어들의 상관관계가 있을까 싶지만 이 모호한 단어들의 조합으로 나는 어젯밤 생각지도 않게 눈과 귀가 호사를 누리는 감동의 밤을 보냈다. 한 통의 전화를 받기 몇 시간 전까지는 상상도 못 했던 일이다.

신년 음악회에 가지 않겠냐는 전화를 받은 건 어제 오후였다. 보통 음악회는 몇 달 전, 혹은 최소한 몇 주 전에 예매를 해야 하지만 오늘 음악회는 예매 없이도 격조 높은 고급 음악회를 즐길 수 있는 절호의 기회였다. 어수선한 머리를 정리하려고 소위 말하는 아줌마 펌을 하기 위해 오후 시간을 보내고 다른 볼일을 위해 자리를 옮기려던 참에 걸려온 "아가씨 우리하고 같이 신년 음악회 안 갈래?" 하는 사촌올케언니 목소리에 마음이 동했다. 문화생활이라고 딱히 챙기고 말고도 없는 소도시, 그런 시골 동네에 수년 전 중형 정도의 공연을 위한 '아트홀'이 세워졌다. 이후의 이곳에서는 영화를 비롯한 장르도 다양한 크고 작은 공연이 줄곧 이어져 왔다. 그리고 오늘이 있게 한 데에는 아트홀 연출팀에 소속된 사촌언니의 막내아들의 초대가 있었음은 두말할 것도 없다.

공연 관람이야 좋아하지 않을 사람 있을까만 매 공연을 다 쫓아다닐 만큼 마음의 여유도 시간도 허락지 않는다. 어쩌다 아는 지인의 성화에 못 이기는 채 한두 번, 혹은 가까운 친구와 의기투합해서 '록 밴드'의 공연을 몇 번 보러 다니는 정도이다. 그러나 오늘 같은 날은 TV에서나 보던 신년음악회라고 하지를 않나? 그럼에도 무조건 수용하지 못하는 이유는 며칠 전 내린 눈이 시내 곳곳에 쌓인 을씨년스러운 눈 더미와 '삼한사온'이라는 옛말도 맞지 않는 이즈음의 맹추위 때문이다. 그러나 이런 매서운 한파와 늦은 저녁 시간이라는 것을 고려해도 공연의 유혹을 당해낼 수가 없다. 우리가 평소 접하지 못하는 클래식의 선율과 성악가, 뮤지컬 배우들의 호화 출연진을 만날 기회를 어찌 놓치랴 싶어 급하게 가족들의 민생고 해결을 위해 공연히 바쁘고 분주하다.

온 세상이 하얀 겨울에 클래식과의 만남이라니, 생각만 해도 낭만적인 사건이지만 집을 나서는 실상은 귀를 베어낼 듯 매서운 한파로 인해 꽁꽁 싸매고 껴입고 나서야 했다. 어둠과 눈길을 뚫고 아트홀의 다다르니, 혹한이라고 웅크리고 망설인 것이 무색할 만큼 입추의 여지가 없다. 이 작은 소도시에 클래식 인구가 이렇게 많았나 싶을 정도로 공연장은 초만원이었다. 열기까지는 몰라도 분명 생기가 넘치는 풍경이 내겐 생경하기만 하다. 짐짓 늘 그래왔던 것처럼 좌석을 확인하고 느릿느릿 여유도 부려본다. 거기다가 공연장 무대 위에 정렬된 악기들의 숫자에 놀라 '대체 몇 인조야' 좌석을 찾아가면서도 무대 위에 시선이 꽂힌다. 이 소도시에서는 흔히 볼 수 없는 오케스트라의 숫자에 가슴이 뛰고 멋진 연주가 기다려진다.

언제나 열심히 멋진 삶을 사시는 사촌언니는 마침 주방 싱크대의 교체 작업을 하느라 종일 먼지를 썼노라고 한다. 엄동의 맹추위에도 예정된 공사인지라 강행을 했는데 실내 작업이 불가피해서 집 안이 온통 전기톱에서 나오는 불순물로 인해 집안은 온통 나무 먼지투성이고 그런 속에서도 언니는 또 그 소문난 음식 솜씨로 그분들의 식사 준비와 공사 뒷마무리 하느라 공연은 뒷전이었단다. 하지만 작은 아들의 배려를 아무래도 무심히 넘길 수가 없어 나오셨다고 했다. 나 역시나 주위 사람에게 '펌'약 냄새로 민폐가 아닐까 했던 생각을 접고 이젠 뻔뻔하고 당당하게 자리를 차지하고 앉았다. 얼굴을 식별할 수 없는 어둑한 조명과 들뜬 열기가 고맙기만 하다.

이내 연주가 시작되었다. 새해 새 희망을 담은 희망찬 행진곡이 연주되고 클래식이나 뮤지컬에 문외한이라도 명성만큼은 익히 알고 있는 남경주, 최정원의 무대를 보면서 난 잠시지만, 적절한 때 박수와 환호를 보내주는 주위 사람들의 청중 의식이 새삼 대단하다는 걸 느꼈다. 뒤이어 바리톤 서정학 씨가 나와서 딱딱하기만 할 것 같은 성악을 재밌게 들려준다. 클래식이라면 어렵고 무겁고 장중하리라는 선입견을 불식시켜주는 가벼운 느낌의 연주였다. 세계적 소프라노 조수미와도 연주할 만큼의 인지도라는 부연설명을 곁들이니 열화와 같은 박수가 터진다. 서정학 씨가 마지막 곡을 남겨두고 장미꽃을 든 채 노래를 부르며 객석으로 내려온다. 모든 관객의 이목을 끌며 웅성거리는 가운데 점점 우리 일행 쪽으로 다가오더니 바로 앞에서 세레나데와 함께 장미꽃을 사촌언니에게 건넨다. 모든 관객의 부러움과 환호가 터진다. 후에 알고 보니 장미꽃 퍼포먼스는 서정학 씨의 트레이드마크이며, 그런 공연 이벤트를 알고 있던 조카가 엄마를 위해 준비한 작은 선물이었다고 전해 들었다.

비틀즈의 '예스터데이' 같은 우리 귀에 익은 올드 팝 연주를 들으며 새삼 클래식의 대중화가 이런 것이겠구나 싶어진다. 교향곡 몇 번 몇 번 하는 연주곡으로만 연주회를 준비했으면 이렇게까지 진한 여운이 남았을까? 물론 우리가 많이 들었던 비발디의 사계 '봄'과 그 유명한 요한 슈트라우스의 '봄의 왈츠'도 연주되었던 것도 같고, 또 무엇보다 TV에서나 볼 수 있는 여자 아나운서의 깔끔한 진행은 완벽하고 매끄러웠다. 진행 중간중간 객석의 우리를 향해 폭설과 겨울 한파를 무릎 쓰고 자리한 청중에게 고맙다는 말을 번번이 했었지만 어쩌면 격 높은 연주 실력으로 눈과 귀를 호강시켜준 오케스트라 단원과 무대를 장악한 성악가들이 더 고마운 일 같았다.

오늘이 있기 훨씬 전에 공연 계약을 했으리라는 것은 알지만 이 악천후를 헤치고 그들이 우리에게 달려왔지 않은가. 공연 관계자와의 계약이요 약속이었겠지만 우리는 그들로 인해 눈과 귀가 호강을 하고 클래식을 만끽할 수 있었다.

'바이올린 몇 대, 첼로, 비올라가 또 몇 대, 호른, 트럼펫, 색소폰, 피아노, 심벌즈와 드럼, 맨 뒤 저 커다란 악기에 이름은 뭐였지?' 나는 나중에 남편에게 들려주고 싶어 세다가 놓치고 몇 인조 악단인지 결국 포기하고 말았다. 지휘자 한 사람의 손끝과 지휘봉이 움직이는 대로 멋있는 연주를 만들어 내는 모든 연주자들의 협연 또한 감동이다.

얼마나 많은 인내의 시간과 노력이 더해지면 저런 실력을 갖추는 걸까. 이미 연주자 개개인은 훌륭한 연주자일 것이다. 어쩌면 자신을 부각시키고 싶은 마음이 조금만 강해도 연주는 산으로 갈 테지만 그들은 자신을 감추고 드러내지 않는다. 모든 악기가 조화롭게 어울리고 함께하는 연주야말로 아름다운 대합창과 같은 감동을 불러오는 것이다.

오늘 추억을 만들어준 일등공신은 이곳 아트홀의 공연 관계자인 사촌언니의 막내아들이다. 공연 예술을 전공했다는 것은 이미 들어 알고 있었고 언젠가는 대연출가로서 중앙무대에서 그 이름이 불리는 날이 꼭 오리라고 늘 응원했었다. 중앙에서 조금 떨어진 변방이지만 고향에서 크고 작은 공연 기획을 하고 무대연출을 한다는 것도 미래의 꿈을 위해 한 걸음씩 나아가는 수순이라고 믿고 싶다.

오늘, 저마다의 작은 사연 하나씩 간직하고 수준 높은 연주회를 즐긴 행복한 밤, 낡은 싱크대의 떨어져 나간 부산물들로 인해 뒤집어쓴 먼지와 미용실 냄새도 불사하고 즐긴 훌륭했던 공연은 음악이 없는 우리의 삶은 얼마나 무미건조할까 생각될 만큼 좋았다. 한겨울의 혹한이 무색한 열기와 감동을 즐겼던 겨울밤, 조화롭지 않은 조화 속의 클래식을 맘껏 즐겼던 일탈로 인해 너무도 행복한 겨울밤이었다.

2010. 신년 음악회

*붉은 깃발의 추억

언젠가부터 뭔가 중요한 걸 잃어버린 것 같은 허전함과 공허함에 속절없이 가슴이 뛰었다. 채워지지 않는 빈 가슴, 빠르게 나이를 먹는 것이 안타까운 걸까? 그러나 곧 안타까움의 진의를 알아내고는 망연하다. 대상 없는 약속 혼자만의 굳은 결심, 그랬었다. 그것은 무턱대고 끄적거리는 게 좋아 글쟁이가 되고도 싶었지만 한 여인의 이야기를 꼭 세상 밖에 내보이고 말리라던 혼자만의 다짐이었다. 한 여인의 소설 같은 인생을 모티브로, 픽션을 가미한 대작을 써보리라는 작은 꿈, 아마 [붉은 깃발]이라는 가제도 그 무렵 붙어놓았을 것이다.

오래전의 그 당돌하고 원대했던 꿈은 결혼과 함께 출산과 육아 바쁜 일상에 쫓기 듯 살면서 가끔씩 잊혀지기도 하고 때론 불쑥 불쑥 찾아와 나를 옥조이기도 했다. 그렇게 습작의 유혹은 종종 계절병처럼 다가와 나를 다잡고 추스르게 했지만, 죄 없는 한 여인의 인생을 엉키게 한 원흉을 작은 지면에 담아낼 수 있을지, 6·25 그 방대한 전쟁 이야기를 초보 글쟁이에 손에서 쓰이는 기적을 만들어 낼 수 있을지 세월과 함께 용기도 의지도 점점 옅어져 만 갔다. 그러나 이제, 동족상잔의 비극으로부터 시작된 한 여인의 치욕적인 삶을 소설로 쓰는 데는 실패했지만, 가녀리고, 착하기만 했던 한 여인의 온전한 이야기를 쓰고자 그때의 추억을 더듬으며 숨을 고른다.

그녀를 처음 본 건 언제였을까? 전쟁의 상흔이 치유되기 시작하던 1960년대에서 1970년대로 넘어가던 농촌, 당시 가끔 밥을 얻으러 오는 젊은 아주머니가 있었다. 주위 사람들은 그녀를 가리켜 옆 동네 사는 '정신이 온전치 못한 사람'이라고들 했고 노모와 아이들 때문에 밥을 얻으러 다닌다고 했다. 그러나 어린 내 눈에는 '정신이상자'라기보다 보통의 수줍음 많은 아낙일 뿐, 나는 그녀의 이상 행동이나 언행을 본 적도 없었다. 다만 아주 가끔 우리 동네에 밥을 얻으러 왔었던 당시 상황으로 보아, 보통의 젊은 아낙이 온전한 맨정신으로는 못할 노릇이었을 것을 추정해보면 다른 사람들의 전언이 아주 틀린 얘기도 아닌 듯했다.

[붉은 깃발]이라는 가제의 소설 속 주인공(이*주) 백 오십 전후의 작은 키, 항상 이슬을 머금은 듯 착한 눈빛은 슬픈 듯 웃는 듯 가늠할 수가 없다. 그리고 주위 사람들로부터 듣게 된 그녀의 사연은 그 어떤 소설보다 드라마보다 더 빠져들게 만들었다. 세상 어려움 모르고 자란 부잣집의 외동딸, 그녀는 일제하에 중등교육을 마쳤다고 했다. 그리고 집안에서 정해준 당시 학생이던(중中 혹은 고高) 남편과 결혼을 했고 짧지만 평생 가슴에 새겨진 행복한 신혼을 살았던가 보다. 그리고 터진 남북전쟁과 그로 인해 겪

게 된 남편과의 긴 이별은 인민군과 징집을 피해 떠난 남편의 피난생활로 시작됐다. 종전終戰이 되면 다시 돌아오리라는 그녀의 믿음을 저버리고 그렇게 모든 걸 앗아간 전쟁 최악의 시나리오가 되고 말았다.

남편의 피난길을 용인한 것이 그녀의 최대 실수였을까. 남편은 어느 상인 가정에서 전쟁 기간을 보내게 되었는데, 남편은 그 피난기간 동안 그 집 딸과의 로맨스도 키웠던가 보다. 전 국토가 피폐화되고 추정 불가능한 경제적 손실과 수많은 이산가족을 만들어낸 3년간의 긴 전쟁이 끝날 즈음, 남편에 대한 좋지 않은 소문이 그녀에게도 들려왔다. 그래도 그녀는 지금보다 더 강력한 '조강지처'라는 관습에 힘으로 남편을 기다리고 있었는지도 모른다. 그러나 그녀에게 남겨진 것은 세상 물정 모르는 노모와 변화된 세상인정으로 홀로 남겨진 자신과 어린 딸아이가 남아있을 뿐이었다.

사랑하는 남편이 돌아올 날을 손꼽아 기다리던 한 여인이 겪은 전쟁의 상흔은 그렇게 가혹하고도 냉정했다. 무심한 시간이 흐르고 그녀는 어느 사이에 그렇게 남의 집 첩살이를 하는 신세가 되고 말았다. 자신이 선택했다기보다 선택된 첩살이, 아들을 낳기 위한 한 남자의 강제적인 취함에 있어, 이미 첫 번째 결혼으로 딸아이를 두었던 그녀는 그런 치욕적이고 강제적인 순간에 그만 정신을 놓고 말았던 것이다(그녀는 자신이 그때 돌아버렸다고 늘 입버릇처럼 말해 왔었다).

일제 치하에서 신학문을 접했다고는 해도 조선의 유교 관습을 그대로 지닌 그녀에게 닥친 일들은 그녀를 온전한 맨정신으로 아파하게 두지 않았을 것이다. 현실을 받아들이는 조건으로 그녀는 정신을 놓고 만 것이다. 피폐해진 그녀의 가족사처럼 급격하게 기울던 가세와 멍에처럼 지워진 노모 그리고 어린 딸과 새로운 생활로 하나둘 늘어가는 아이들 '세상 물정 모르던' 그녀는 그렇게 녹녹치 않은 인생을 살아나왔던 것이다.

한때는 시골 부자의 외동딸이었던 사람, 그녀의 부모가 깨어 있음을 말해주는 것은 일제하에 그녀가 중등교육을 받았다는 것이다. 그리고 가세가 좋지 않은 가문의 똑똑한 청년을 골라 사위를 삼고 학문을 계속 이어가게 했다고 한다.

그녀는 가끔 몇 안 되는 행복한 순간을 들려주었는데('남편이 다니는 학교 앞으로 마중을 간 적이 있었는데 마침 종례를 했는지 남학생들이 한꺼번에 우- 몰려나왔고 남편 모습도 그 속에 끼어있었다. 당시 우리네 문화가 그렇듯이 일정한 거리를 두고 걸었음에도 뒤에서 다른 학생들의 놀리는 소리가 들려와서 많이 부끄러웠다.')는, 그날의 짧지만 행복한 순간을 마치 어제 있었던 일처럼 들려주던 그녀였다.

다른 사람들로부터 간혹 그녀의 얘기를 들을 기회가 있었다. 어쩌면 새댁 시절에 학교 앞으로 남편을 마중하던 때를 떠올렸던지 늦은 시간 거리를 배회하는 그녀를 보았다고들 했고, 때론 자신의 허기진 배를 의식한 탓인지 지나가던 버스 혹은 트럭 기사를 붙잡고-(당신, 배고프지 않나요. あなた´お腹空いてないですか)라고 써서 흔들어 보이더라는… 그렇게 그녀는 곱게 정신 줄 놔버린 사람으로 회자되기도 했다.

또 1970년대 중 후반 선달그믐께부터 정월 대보름 전후해서 끝나는 제법 큰 규모의 척사대회가 시장통에서 열린다. 축제가 무르익어 1, 2등이 가려지는 결전에 날이 가까워지면 지역은 온통 축제 분위기가 고조된다.

그런 축제 같은 어느 해 밤에 그녀는 전남편을 보았다고 했다. 전남편은 잘 차려입은 아내와 나란히 아주 행복한 얼굴을 하고 뭇 사람들에 파묻혀 있더라고 술회했다. 인근에서 공무원으로 근무하던 전남편은 지역 행사에 초대되었을 수도 있고 혹은 그들도 그날의 축제 분위기를 즐기려고 나왔을 수도 있다. 하지만 당시 초라한 자신의 모습과 한 남자의 사랑을 듬뿍 받고 사는 한 여자를 숨어 지켜보았을 그녀, 그날 영화 같은 장면에 돌아서서 혼자 울음을 삼켜야 했던 그녀를 나는 가끔 그려보곤 했다.

그리고 긴 시간을 두고 끊임없이 나를 자극하듯 당신의 이야기를 풀어놓던 그분과 한동네에 살게 된 사연 또한 어쩌면 드라마 같은 이야기가 아닐까 생각해 보는 것이다.

까마득히 오랜 흑백 영상 속에 그녀가 있다. 선천적 착한 성품인지라 온갖 어려움을 겪고서도 남 탓을 할 줄 모르는 사람, 오롯이 자신 혼자 가슴앓이하다 모든 걸 놓아버린 사람, 그녀는 자신의 인생을 뒤바꿔 놓은 남정네들에게 쏟아낼 대찬 원망보다 자신에 비극의 시작이었던 전쟁의 주범 '붉은 무리'만이 원망의 대상이었다.

붉은색을 극도로 싫어했으며 붉은색을 보면 광적 행동과 언사가 튀어나왔다던 그녀는 중년을 넘어 몸도 마음도 쇠잔해질 만큼 세월이 흘러 편안한 이웃집 할머니 모습으로 살다 수년 전 하늘에 이르렀다. 광녀라기보다 그저 녹녹치 않은 인생을 살아나온 착하기만 했던 한 여인의 적敵은 다만, '붉은색, 붉은 깃발' 뿐이었다.

2015『에세이문예』겨울호,『한국작가』겨울호 신작수필,

『포천문단 발자취』2015

2부

찰나의 그 하루

소리

그리움을 먹는다

먼지

아버지의 계절

일탈

비타민 제제와 아주 오래된 추억

욕의 재발견

나락

*찰나의
그 하루

자연 만물과 동식물 그리고 우리 인간에게도 천적은 있게 마련이다. 함께 공생할 수 없는 먹고 먹히는 천적이 아닌, 부족한 것 채워주고 응원해주는 좋은 의미를 지닌 나의 천적은 물론 내 남편이다. 바깥 사회생활에서는 더할 나위 없이 좋다는 소리를 듣는 남편이지만 유독 나한테만은 까칠한 사람이다. 그도 그럴 것이 야무진 구석이라고는 눈곱만큼도 없고 사회성 없는 소극적인 성격과 경제관념도 희박한 세상 물정 모르는 아내가 고울 리 없다. 부부가 함께해도 살아가기 힘든 세상에 철없는 아내란 그야말로 아이 하나 더 키우는 심정일 테니 남편을 이해 못할 것도 없다. 거기다가 무뚝뚝한 경북 남자의 무심함이 더해 나를 더 작게 만들기도 한다. 그러던 중에 씻을 수 없는 나의 실수 하나를 더 보태어 남편한테 평생 갚아도 다 갚지 못할, 그간의 모든 서운함을 상쇄하고도 남을 큰 빚을 지고 말았다.

나는, 일요일이면 친정 노모를 보러 친정엘 간다. 벌써 몇 년째 노인성 치매를 앓고 계시는 노모, 일평생 농부의 아내로 여러 자식 뒷바라지로 진득한 여행 한 번, 비싼 옷에 고급 음식, 제대로 된 호사 한 번 누린 적 없는 그 어머니가 늘그막 강단으로 버티시던 건강을 놓치고 그만 첫 번째 뇌출혈을 맞았다. 왼쪽 후두부 쪽의 500원짜리 동전만큼의 출혈이었는데, 작은 체구와 한 줌밖에 되지 않는 허리의 어머니께는 수술도 권하지 않는 지경이었다. 그러나 간절한 바람으로 기적을 만나 수개월의 병원생활을 이겨내고 어머니는 7~80%의 완치를 보여 퇴원하셨다. 물론 몸도 언어도 약간의 어눌함이 있었지만 또 그렇게 이삼 년 잘 버텨주셨다. 그러다 또 한 번의 뇌출혈이 있었는데 재발하면 위험하다는 속설처럼 이번에는 쉽지가 않았다. 중환자실에 더 오랜 기간 계셔야 했고, 퇴원 후에는 혼자 화장실 출입이 불가한 중증 치매 노인이 되셨다. 그래도 어머니는 완벽한 대화는 아니어도 무슨 말씀이든 하려고 애썼고 식사도 곁에서 거들어드리면 왼손을 이용해 잘 드시고 잘 이겨내고 있었다.

지지난 주에도 꾸물거린다는 남편의 채근을 받고서 어머니가 평소 좋아하는 호빵을 사 가지고 친정집에 들어섰다. 평소 직장을 다닌다는 핑계 아닌 핑계로 일주일에 한 번 겨우 일요일이나 돼야 어머니를 보러 간다. 언제나 그렇듯 부지런한 언니가 먼저 와 시작한 어머니의 목욕이 끝나가고 있었다. 서둘지 못한 미안함의 공연히 눈치가 보여 서둘러 점심을 차려드리고 조금의 틈을 두고 엄마가 평소 좋아하는 호빵을 전자레인지에 데워서 드렸다. 기다렸다는 듯이 하나를 순식간에 드시는 어머니, 점심 드신 지도 얼마 되지 않아 겁도 좀 나고 어머니의 눈치를 살펴 남은 하나를 한쪽으로 밀어두었는데 눈 깜빡할 사이에 어머니는 그 하나를 낚아채서 마구 입에 밀어 넣고 계셨다.

"엄마!"

놀라 소리치고 말릴 사이도 없이 이미 커다란 호빵은 입안으로 다 밀려들어 가고 채 씹지도 삼키지도 못한 음식물로 인해 숨을 쉴 수가 없는지 순간 어머니의 고개가 옆으로 떨어졌다. 순식간의 벌어진 사태에 놀라 울음이 터졌다.

언니가 놀라 달려들어 등을 두들기고 뒤에서 끌어안고 두 팔에 힘을 주는 응급처치를 해봐도 앙다문 어머니의 입은 벌어지지 않았다. "어떡해!"만 연발하고 정신이 혼미해져 119 부르는 것도 잊어버리고 떨리는 손으로 남편에게 전화했다. 신기하게도 다 -설명할 것도 없이 알아듣는 남편, 거실에서는 언니가 인근에 사는 동생 네로 전화를 하는 것 같았다. 의식을 잃고 점점 파랗게 질려가는 어머니 입술, 계속 안고 울고만 있을 수 없어 혹시나 하는 실낱같은 희망을 가지고 어머니의 반짇고리를 찾아 바늘을 꺼내 어머니의 엄지를 쥐고 손톱 바로 밑을 따보았다. 순간 거짓말처럼 앙다문 어머니의 입이 벌어져 손가락을 넣을 수 있어 입안에 채 씹지도 삼키지도 못한 빵조각을 꺼낼 수 있었다. 그사이 거짓말처럼 뛰어 들어온 남편은 내게서 어머니를 빼앗아 어머니 입에 인공호흡을 해 숨을 통하게 했다. 한번 두 번 어머니가 어느 정도 호흡을 하는 정도가 되자 남편은 어머니를 안고 차에 태워 병원으로 달렸다. 뒷좌석에 나를 돌아다보며 계속 인공호흡을 독려했는데, 벌써 어머니는 가슴이 불룩해지면서 자가 호흡도 가능해 보였다.

일요일의 응급실은 언제나 복잡하고 가슴 떨리는 곳이다. 어느 집이든 응급상황을 겪어본 사람이라면 그 초조함을 다 알리라. 남편이 설명을 하는 동안 나는 의사에게 매달려 어머니를 살려달라고 매달렸다. 어머니의 입에 삽입 관을 설치하고 남은 음식물을 빼내는 동안 처치실 밖으로 쫓겨나듯 떠밀려 나올 때까지도 나는 정신이 반쯤 나갔었다. 뒤따라 나온 언니와 동생 내외, 누구랄 것도 없이 놀란 가슴 쓸어내리고 추스르기까지 그렇게 지옥과 천국을 오갔다. 입원 수속 마치고 병실로 가기까지 그리 길지 않은 시간이었을 텐데 나는 온몸의 기가 다 빠져버린 듯 주저앉았다.

남편은 언제나 내게 그랬었다. 공연히 소화 기능도 약한 노인한테 이것저것 드리다가 혼나면 어쩔 테냐고 늘 겁을 주곤 했었다. 딸이 좋은 것 맛난 것 먹으면 엄마 생각하는 것이 당연하겠지만 이런 사태를 만들지 말라는 당부였을 것이다. 그렇다면 남편은 이런 사태를 짐작했었을까? 앞뒤 생각 않는 철없는 아내로 인해 속이 까맣게 탓을 걸 생각하니 좀체 미안한 마음이다. 만에 하나 천에 하나 어머니에게 무슨 일이라도 벌어졌더라면, 생각하면 정말 끔찍한 일이 아닐 수 없다. 오늘 남편이 아니었다면 나는 평생을 동기간들로부터 씻지 못할 평생 죄인으로 남아야 했을 것이다. 자칫 예상하지 못했던 이 상황의 원죄는 물론 치매의 무서움이었다. 평소답지 않은 어머니의 행동이 그러하다. 일평생 소식小食만 하시던 어머니는 식탐이 전혀 없으셨다. 그랬던 어머니는 오히려 치매 이후에 더 식사를 잘하셨다. 어떤 날은 작은 올케가 점심 식사를 드리고 간 줄 모르고 또 내가 드린 적도 있었는데 어머니는 아무런 거부감 없이 다 드셨었다. 호빵으로 인한 일련의 사건도 어머니의 병으로 인한 증상의 하나일 수밖에 없다.

그리고 집에서 그 사달이 난 줄도 모르는 오라버니네, 올케는 꽃집에서 아직 퇴근하기 전이고, 고등학교 동문 산악회의 설악산 등반을 갔었다던 호랑이 오라비는 돌아오는 중이라고 했다. 오라버니가 오기 전 원래 엄마 모습으로 빨리 돌아와야 했다. 그런 내 맘을 아시는지, 아니면 예전 병실 생활이 생각나셨는지 어머니는 막무가내로 집에 가자고 생떼를 쓰신다. 하룻밤 경과를 지켜보자던 의사의 허락을 받고서야 어머니는 그 밤으로 퇴원을 하셨다. 어머니는 목에 넣었던 삽입 관이 성대를 건드린 탓인지 목에서 쇳소리가 나는 것 말고는 이전 그대로의 모습으로 돌아온 어머니, 꿈같은 하루가 끝나가고 있었다. 지울 수만 있다면 몽땅 지우고 싶을 만큼의 끔찍한 시간, 짧은 순간에 지옥과 천당을 오갔던 그 하루, 나로 인해 어머니는 안 해도 될 고생을 하셨고 얼떤 두 자매의 최악의 순간이었던 찰나의 하루가 마치 십 년인 듯 아득하다.

그 후 이틀 동안 난 몸살처럼 몹시 아팠다. 물론 집에 돌아와 청심환도 먹고 애써 평온한 척했지만, 또 남편에게 그렇게 빨리 달려와 줘서 고맙다는 말도 못 했지만, 두고두고 생각해도 불가사의하다. 남편은 어떻게 그렇게 빨리 달려올 수 있었을까? 구불구불 동네 소로를 촌각을 다투고 달려와 준 남편에게 평생에 다 갚지 못할 빚을 진 셈이다. 그리고 못난 아내가 형제자매들로부터 자칫 평생의 죄인으로 남지 않게 해준 것에도 나는 아직 입을 떼지 못했다. 못난 딸로 인해 늙으신 노모께 잠시나마 불효를 저질

렀고, 남편으로부터 다시는 엄마한테 이것저것 갖다 드리지 말라는 일장연설을 들어도 그저 다 고맙기만 하다.

소나기는 피하고 볼 일이랬다. 오라비에게 혼날 게 두려워 작은 아이를 앞세우고 며칠 뒤 친정엘 가보았다. 어머니는 엊그제 일은 모두 잊으셨는지 아무 일 없던 것처럼 전보다 더 아이처럼 밝게 웃어주신다. 그리곤 오랜만에 본 외손자에게서 눈을 떼지 못하시는 어머니, 한바탕 나쁜 꿈이라도 꾼 걸까? 아무 일도 없었던 양 찾아온 오늘의 평화가 너무 감사하고 꿈만 같다.

이것이 내가 내 남편에게 꼼짝 못 하는 제일 큰 이유다.

2007, 1

* 그 사건이 있고 꼭 일 년을 더 사셨다. 자식들이 조금씩 지쳐갈 즈음 새봄의 흙냄새가 그리워 어머니는 흙으로 돌아가셨다. 그리고 2010 지역의 문학특강 당시, 대진대 국문과 김성렬 교수님의 '나의 이야기를 토대로 소설화해보기'라는 과제에 [찰나의 그 하루]를 '블로그'에서 꺼내 부끄러운 치부를 들어내게 되었다. 그런 내게 교수님은 '장원'을 주셨고 더불어 작은 희망도 안겨주셨다. 미비한 상태로 매일, 매 순간 글쓰기의 고민하던 나에게는 분명한 기폭제가 되어 주었다. 찰나의 하루가, 그리고 어머니가, 내게 준 마지막 선물 같았다.

2010. 포천문예대학 동인수록작

***소**
리

딱 딱 딱 딱 또드락 똑딱
또드락 또드락 또드락 딱 딱

얼마 전 잊고 있던 어머니의 다듬이 소리를 찾게 되었다. 얼마나 그리던 그리운 소리였던가, 이럴 때 나는 책 읽기를 취미로 가질 수 있었던 것을 다행스럽게 또 고맙게 생각한다. 책이 아니면 어디서 이리 귀한 소리를 채집하고 들을 수 있었을까. 더불어 내게 눈물을 뽑아낼 만큼 리얼한 다듬이 소리를 기억해낸 최명희 선생이 너무 감사해서 디진 눈물이었다. 젊은 날의 어머니가 그리울 때 아무리 기억을 더듬고 눈을 감아도 좀체 가닥이 잡히지 않던 다듬이 소리였다. 선생님은 그 소리를 어떻게 찾고 기억을 하셨던 걸까? 소리와 리듬이 온전하게 살아서 내게 전해지도록 활자화해준 선생님의 천재적 소리채집 능력에 그저 감탄할 뿐이다.

제대 후 복학한 큰아이가 갑자기 실업자가 된 어미를 위해 학교 도서관에서 줄기차게 『토지』 전 21권과 『혼불』 전 10권을 몇 주간의 거처 대여를 해다 주었다. 학기 중간기임에도 매번 학교를 오가며 어미에 독서 욕구를 충족시켜 주었기에 소리와의 만남이 가능했다. 두 분 선생님의 옥서를 여름내 탐독하다가 시력이 바닥으로 떨어져도 책을 놓을 수가 없었다. 그렇게 활자로 만난 어머니의 다듬이소리에 그만 주책없이 쏟아진 눈물, 비로소 나는 어머니를 만나고 어머니를 안을 수 있었다.

물론, 당시엔 몰랐었다. 다듬이소리가 우리 집에서 사라진 것도 몰랐고 시간이 흐르면 다시 그리워지리라는 사실도 몰랐었다. 그 시작은 급격한 산업화로 풀 푸새가 필요 없는 새로운 원단의 생산이었을 것이다. 생활의 편리와 간편함 그 발전의 뒤안길의 풀 푸새를 위해 밤새 들리던 어머니의 다듬이 소리를 잃는 과정이었다는 것을 그때는 알지 못했다.

내가 그리워하던 다듬이소리의 주인공이신 어머니는 구순九旬을 사셨다. 그러나 시대 흐름의 따라 훨씬 이전부터 어머니는 다듬이를 놓아 종래 들을 수 없는 소리였다. 꽃무늬며 체크무늬의 폴리에스터, 화학섬유가 섞인 원단은 더 이상 다듬이질이 필요하지 않은 획기적인 변화로 어머니들의 일손을 덜어주고 보기에도 화사한 신문명이기도 했다. 중년에 접어들면서 어머니의 소리가 그리워지기 전까지 그랬었다. 내 기준으로 볼 때 다듬이소리야말로 악보도 없이 어머니의 어머니, 또 그 어머니에게서 살뜰하게 이어 내려온 여인들에게 계승되어온 훌륭한 악기요, 연주라고 늘 생각했었다. 지금도 눈 감고 들으면 꼭 지금같이 바깥 날씨가 조금 선듯해지고 더위가 한풀 꺾인 여름날 겨우살이 준비를 하는 정경으로부터 시작된다. 이불 홑청 빨아 서걱서걱 소리 나게 풀 먹인 홑청을 두드리시던 내 어머니와 이웃들의 다듬이 소리가 청량한 밤공기를 흔들던 시절은 흑백영화의 한 장면처럼 추억 속에 존재한다. 가끔 어머니가 곁에 계시지 않은 현실에서 어머니를 매일 생각하고 그리워하지 않는 것에 놀라지만, 문득문득 어머니가 사무치도록 그리울 때 추억여행을 떠나게 된다.

그 시절 내 어머니는 하얀 광목 빨래를 하고, 좀 더 하얗게 되기를 바라시는 마음에 삶고 방방이로 치대어 또 빨았다. 깨끗한 보를 깔고 바싹 마르기 전에 광목 홑청을 걷어 적당하게 접어서 발로 꼭꼭 밟아 널어 말려 두었다가 진한 풀을 먹여 말리는 과정을 거친다. 풀이 다 마르기 전 어머니는 다듬이 크기에 맞게 잘 개어 다듬이질을 하시는데, 이때 너무 말랐다 싶으면 어머니는 입안 가득 물을 물었다가 뿜어 정도를 맞추셨는데 아주 작은 꼬맹이 때는 어머니의 그 모습도 신기하게 바라보았던 기억이다. TV도 컴퓨터도 없던 시절, 시조를 읊으시던 아버지와 더불어 들리던 깊은 밤 낭랑하고, 경쾌하던 어머니의 그 다듬이소리라니…

살아오며 잊을 수 없을 것 같던 어머니의 다듬이 소리는 그렇게 꿈결인 듯 잊혀갔다. 한결같이 어머니의 손품이 들어야 했던 아버지의 겨울 한복, 뜯어서 분리하고 빨아서 다시 솜을 두어 바느질해야만 했던 매해 거듭된 일들도 폴리에스터 솜을 누빈 기성 한복이 공장에서 대량 생산된 시기와 무관하지 않다. 어머니들의 일손을 덜어드린 대변혁의 획기적 발전으로 우리는 다듬이소리를 잃었다. 어머니는 어떠셨을까? 풀 푸새가 필요치 않고 밟고 두들기고 숯불 다리미가 필요하지 않은 시대의 발전이 좋으셨을까? 아니면 아주 조금이라도 다듬이의 장단에서 멀어지는 자신이 아쉬우셨을까. 그러나 분명한 건 어머니는 이후 다시는 다듬이를 하지 않았다는 것이다.

어머니의 다듬이소리는 리듬이 좀 남달랐던 것 같다. 어릴 적에야 모든 어머니의 다듬이 소리가 매양 똑같은 줄 알았지만 어릴 적 어느 날 바로 윗집에 새로 시집온 새색시의 다듬이 소리를 듣던 어머니가 '제대로 된 장단이 아니구나.' 혼잣말하시는 걸 들은 적이 있다. 그리고 얼마 지나지 않아서 변화된 생활은 다듬이가 필요치 않은 새로운 원단의 생산으로 한 집, 두 집 다듬이소리가 점점 사라져 갔다. 겨우 일 년의 이삼일 겨울 채비를 하는 동안 어머니의 단 하나의 예술적 감성이 깨어나는 다듬이질을 통해 고단한 시름을 날리셨을지도 모른다. 그 다듬이소리를 잃은 어머니는 그 이후 외로움의 시간들을 어디에다 푸셨을까? 일평생 노래를 흥얼거리시는 것도, 그 흔한 어깨춤 한번, 흐트러진 모습도 한 번 보이지 않으신 어머니셨기에.

딱 딱 딱 딱 또드락 똑딱
또드락 또드락 또드락 딱 딱

어머니의 장단, 어머니의 뛰는 심장 소리 같은 그 소리는 점점 시대의 유물처럼 어슴푸레 사라져만 갔다. 내 어머니의 모습과 함께 멀어져 간 그 소리를 꿈결에라도 한번 간절하게 듣고 싶었지만 들을 수도 기억할 수 없었다. 내가 사십을 훌쩍 넘어 중년으로 치달을 때 어머니는 이미 여든 중반으로 총기도 건강 상태도 점점 나빠지셨다. 생활 전반의 걸친 발전, 의학이며 과학이며 식생활이 아무리 좋아졌어도 흐르는 세월은 아무도 막을 수 없다. 쇠퇴해가는 기억에도 실낱같은 육친의 감만으로 딸년을 알아보시던 어머니는 구순이 되시던 해 봄날 우리 곁을 떠나셨다. 모든 것이 역사 속으로 사라져 가는 순간이었다. 나는 아직도 어머니처럼 찰랑찰랑한 묵의 농도 맞추는 것도 알맞게 뜸 들이는 것도 어설프고 고추장의 메줏가루 고춧가루의 비율도 아직 미숙하기만 한 그 딸을 버려두신 채 그렇게 떠나셨다.

시간이 흐르고 얼마 전 인근 어느 식당 댓돌에 다듬잇돌이 놓인 것을 보았다. 예전의 영화를 뒤로하고 지금은 한낮 장식으로 전락해 버린 다듬잇돌, 잃어버린 추억의 아련함이 있었지만, 책 속에 묘사된 다듬이소리를 만나면서 떨려왔던 희열과 진한 여운 그 반가운 날들 뒤로 어디신가 희미하게 어미니 다듬이소리가 들릴 것 같은 초 가을밤이다.

2010 초가을

*그리움을 먹는다

'썩썩' 두텁게 무를 저미고 채를 써는 나무 도마의 칼질 소리가 경쾌하다. 평소 여자 같지 않은 여자이지만 그나마 부엌에서만이라도 여자이고 싶어 대단하게 요리랄 것도 없지만 우리 식구들 먹을거리만은 고집스레 옛날 방식을 고수한다. 어쩌다 아들 입맛을 맞추기도 하지만 아들에게 어른 입맛을 강요하는 것 같아 미안하기도 하지만 늘 토속음식을 만든다.

전골냄비에 들기름을 두르고 굵게 채 썬 무를 볶다가 듬성듬성 아무렇게나 썬 돼지고기를 넣고, 고춧가루에 집 간장을 넣고 밑간을 한다. 나박 썰기를 두껍게 하고 새우젓 간을 하는 대개의 '무 왁저지'와는 다른 어머니 식의 무 왁저지는 가을의 꼭 한 번은 거쳐야 할 관문 같다. 그리 대단할 것도 없지만 나이 들면서 더욱 그리운 맛이기도 하다. 우리 어머니식의 무 왁저지는 그렇게 단맛 나는 가을무와 듬성듬성 아무렇게나 썬 돼지고기를 들기름에 볶다가 국물을 자박자박하게 잡고 양념을 너무 많이 하지 않는다. 한참을 끓이다 마지막에 파를 넣는 것으로 마무리를 하면 국물이

자박자박한 어머니 식의 시원한 무 왁저지가 만들어졌다.

이미 냄새가 집안에 진동해 한 학기를 남기고 사회 진입의 시험대에 놓인 작은아이가 제방에서 나와 내 어깨너머를 기웃거리며 관심을 보인다.

“맛있는 냄새가 나는 데요?”

“그래, 맛은 뭐 나중에 봐야 알지.”

내 대답이 시원치 않음은 아이가 좋아할지 여부를 몰라서이기도 하고 또 맛을 장담을 할 수 없기 때문이다. 고집스럽게 추억의 음식을 만들었다가 예전만큼 맛이 나게 될지 모르니 나도 몰래 나오는 반응이다. 학원가나 고시원을 마다하고 제 방에 틀어박혀 본격적인 취업 전쟁에 맞선 아이를 위해 뭐 만난 거라도 해줘야지 하는 마음과는 달리 늘 바삐 산다는 핑계로 몸에 밴 예전 그대로의 시골 밥상을 재현하곤 한다. 언뜻 지난날 경쾌한 도마 소리와 함께 어머니의 맛난 밥상을 기대했듯이 내 아이도 내 도마 소리를 듣고 기대감에 들떠 주방을 기웃했을 것이다. 그러나 나는 안다. 요즘 젊은이들의 입맛과 우리 기성인들의 토속 입맛과는 소위 말하는 갭이 있어 만족할만한 반응은 기대할 수 없다는 것을.

오래전의 늦가을, 골 논(샘받이)에서 벼를 베어 묶은 볏단들은 논둑에 꺼내 세워 말린다. 잘 여문 이삭을 서로 기대어 가지런하게 세워 말리는 모습은 흡사 말뚝박기 놀이를 하는 애들 같은 모습이다. 이삼 주 혹은 그 이상을 충분히 말린 볏단을 경운기로 실어 나르기를 수차례, 그렇게 바깥마당에 산더미처럼 쌓아놓고 탈곡을 하는 그날에는 벼 가마니가 가득가득 차오르고 마당 한쪽에 수수깡으로 둘러친 '낟가리'를 만들어 벼를 가득 채워서 겨울을 난다. 그 낟가리는 새봄이 되면 헐어서 정미소와 미곡상을 거쳐 돈으로 바뀌고 또 이 돈은 새 학기의 등록금이 되고 한해 아버지의 용채가 되어주었다. 봄부터 가을까지 농부의 발걸음 소리의 작물이 큰다는 말처럼 오랜 수고로움 끝에 찾아온 수확의 날, 땀으로 얼룩진 구릿빛 얼굴로 피로도 잊고 모두를 미소 짓게 하는 그 날 어머니는 그 음식을 하시곤 했다.

부쩍 짧아진 늦가을에 이른 새벽은 더 차갑게 느껴져 뜨거운 국물과 막걸리는 기본이다. 어머니는 그런 가을날 꼭 돼지고기가 듬성듬성 들어간 무 왁저지를 가마솥 가득 만드셨던 것이다. 이른 새벽부터 시끄러운 탈곡 소리가 단잠을 깨우면 기계 소리만큼 요란한 짚 먼지는 깔끄럽고 따갑게 온 집안을 휘감았다. 그 짚 먼지로 인해 겨우 얼굴을 식별해볼 수 있을 정도의 눈두덩이며 콧구멍까지 굴뚝 청소를 마친 얼굴을 한 모두의 얼굴에서 수확의 기쁨을 느낄 수 있었다. 소설 속에 풍경이 아니다. 불과 30년 전 콤바인이란 기계 문명을 접하기 전에 있었던 일이다. 구닥다리처럼 뒷전에 내물린 이야기. 모든 것이 비약적으로 변화해 이젠 시대극과 근대소설에서나 남아있고 지난 역사를 회고하는 흑백 영상에서나 봄 직한 이야기들이 내 추억의 갈피에는 남아있다.

부모님과 함께한 시간이 많은 만큼 추억이 많을 것 같은데 실상은 그렇지도 못하다. 코끝이 쨍하도록 시린 겨울 하늘같던 아버지, 이따금 한겨울의 눈이 시리도록 파란 하늘을 올려다보며 가물가물한 아버지의 얼굴을 떠올린다. 겨울 하늘같이 차고, 맑고 그래서 더 고독했던 그 아버지와의 이십삼 년 세월, 그리고 그 세월보다 더 많은 시간이 흘러 아버지와의 많지 않은 추억마저 흐릿하게 만든다. 그리하여 어머니와의 추억마저 모두 잃어버리는 건 아닐까 하는 조바심으로 예전 음식을 만드는지도 모르겠다. 그리고 어머니의 또 다른 추억은 청아한 밤공기를 흔드는 어머니의 다듬이소리가 있다. 그 소리를 '소설' 속에서 마주했을 때 나는 울컥 눈물이 솟구쳐 한참을 숨죽여 울었다. 그 어머니와 함께한 소소한 일상들은 모두 추억이요 그리움이 되었다.

다른 이도 알까 땡감의 매력을,
작게 한입 베어 물어도 입안 가득 들어있고
삼켜도 뱉어내도 입안 가득이다.
황금빛 땡감 그중 상처 없는 놈으로 골라
오지 단지에 넣어 두면
치아 빠진 노 할머니의 군입 거리 홍시가 되고
또 다른 녀석들을 껍질 돌려 깎기 해
볕 좋은 갈바람에 말리다 보면
우는 어린애도 달랜다는 곶감이 만들어진다.
떫다고 뱉지 마라.
그 속에 달콤함이 숨어있지 않은가,
바람이 거들고
시간이 만들어준 달콤한 곶감 속에
어머니와의 추억이
감나무 키만큼 커져 있다.

나는 안다 주홍 보석 땡감의 매력을,

호물 뜨기 파파 할머니 머리맡에 놓인 발그레한 홍시도

호랑이가 무서워했다던 옛이야기 속 그 곶감도

모두 다 땡감으로부터 기인했다는 것을.[1]

언제까지나 어머니의 살아생전이 영원할 것 같아 늘 응석으로 일관했다. 그러나 어느 순간 중년의 휑한 벌판 같은 가슴을 자각했을 때 어머니는 내게 추억 속에 어머니가 되어 있었다. 그림처럼 누워있어도 어머니는 언제나 내게 비비고 싶은 언덕이었는지 모른다. 그리움의 계절 가을은 모든 것을 추억하게 만들고, 만추의 풍요로움은 더 진한 그리움으로 추억과 마주하게 한다. 그것은 계절병과도 같아 몰캉한 홍시나 황금빛 늙은 호박의 속살을 보아도 내 어머니가 떠올라 울컥 눈물 한소끔 쏟아내고야 만다.

그리고 지금, 나는 그리움의 정점에서 기억을 떠올려 고집스레 어머니의 음식을 만들어 공허함을 달래는 작업을 지속적으로 하고 있다. 한여름 빗줄기가 사납게 지나간 다음날 해 주시던 야생버섯으로 끓이던 고추장찌개며, 밥하던 노구솥에 얹었다가 죽죽 찢어 무치는 가지나물도 노가리찜도 잊을 수가 없다. 그리움이 강물처럼 흘러내려 가슴을 적시는 날에는 어머니의 음식을 대하는 날이다.

나는 그렇게 오늘도 그리움을 먹고 추억을 먹고 짭조름한 눈물도 함께 먹는다.

2013, 『에세이문예』 겨울호

---

1. 네이버 필자의 삐뚤이 블로그 「땡감예찬」 詩전문

*먼지

언필칭 먼지란 인간 자신이다. 먼 먼 우주에서 본다면 더욱 그렇다. 먼지, 사전에는 먼지의 정의를 [모래보다 미소微小한 고체물질]이라는 정의가 내려져 있고 다시 그 밑의 주석을 보면, [일반적으로 분진粉塵이라고도 한다. 공중에 부유浮遊하며 바람의 의해 운반되어 지표면의 퇴적된다.]라고 되어있다. 사전의 주석이 아니라도 우리는 일상생활에서 매일 먼지를 확인하며 살아간다. 그리하여 먼지와 인간은 떼려야 뗄 수 없는 필요불가결한 물체이며, 모든 사물의 붙은 불청객이며, 떠도는 공기중에 일부이며, 우리의 콧속을 자극해 알레르기로 인한 재채기나 호흡기 질환을 유발하는 주범이기도 하다.

지구 밖 먼 우주에서 본다면 우리는 한낱 먼지에 불과하다. 아무리 잘난 사람도, 세계 최고의 아름다운 미녀도, 돈이 많은 부자이거나, 학자이거나, 나약하고 하찮은 이도 모두 티끌에 불과하다. 더불어 그 먼지 같은 인생은 또 일생을 먼지와 함께 살아간다. 그리하여 먼지로부터 자유롭지 못한 우리 모두는 하찮은 인간이거나, 우주에 떠도는 존재가치 미미한 작은 티끌이다. 더함도 덜함도 없는 우주 속에 먼지가 바로 우리 자신이라는 걸 알게 된다면 우리는 좀 더 겸손하고 좀 더 따듯해지는 좀 더 낮은 자세로 살아가게 되지 않을까.

이십 년쯤 지난 일상 속에 어느 날 친정어머니를 보며 "왜 맨날 치워도, 치워도 먼지는 계속 생기는 걸까?" 매일 반복되는 일상에 나도 몰래 짜증 섞인 응석을 부린 것이다. 그때 촌로村老이신 어머니는 "그걸 모르니? 사람한테 먼지가 없으면 죽은 목숨이란다." 하였다. 딸년의 객쩍은 우문에도 어머니는 철학적인 현답을 해주신다. 어머니는 또 내게 "세상에 물 씻어 먹는 나라 없고, 세상에 먼지 없는 사람도 없는 법이란다." 하였다. 먼지의 두 가지 양면성 중에 부정과 비리를 지닌 사람을 일러 '주머니 털어 먼지' 운운하는 부정적 요인이 아닌, 사전적 의미의 먼지를 어머니는 인간 평생의 동반자라고 정의하신 듯하다. 그때는 나이가 어려서인지 그냥 지나치던 그 말씀이 오늘에 와 생각해보니 참 진리요, 깨달음이라는 생각을 하게 한다. 갓 태어난 어린 아기만 보아도 알 수 있는 일이다. 배불리 젖 먹고 강보에 싸여 고른 숨 쉬며 잠든 아기일지라도 작은 움직임을 볼 수 있다. 태중胎中에 하던 짓이었다고 어른들이 말씀하시는 하품이며 딸꾹질 재채기, 그 조그만 얼굴 찡그리고 비죽거리다가도 또 잠이 들어서도 벙글벙글 웃기도 한다. 조금씩 커가면서 주먹을 입에 대고 빨기도 하고, 잠든 시간 외에는 작은 두 발을 연신 쉬지 않고 버둥거리며 다리에 힘을 기른다.

아무것도 모르고 첫애를 키우던 새댁 시절, 빨래에 마른 옷가지를 정리하다 혼자 웃음을 터트린 적이 있었다. 주로 누워 있거나 뒤집어서 버둥거리며 노는 게 전부였던 첫돌도 안 된 아기의 앙증맞은 양말 엄지발가락 쪽과 뒤꿈치가 많이 닳아 있었다. 초보 엄마 시절이니 '응가'하는 것까지 예쁘던 때였는데 하루 중 잠든 시간을 빼면 누워서 버둥거리거나 우리 부부에게 안겨있는 시간이 전부였던 아기의 양말이 해지고 있다니 그저 재밌고 신기했다. 온종일 먹고 자고, 뒤집고, 헤엄치듯 버둥거리느라 양말이 해졌던 모양이다. 갓난아기의 삶이 그러한데 이 험하고 바쁜 세상을 살아가는 우리네야 더 말할 게 있을까. 인간의 동선을 보면 깨어있는 사람이라면 쉼 없이 움직이며 살게 마련이다. 그리하여 인간의 움직임과 먼지의 생성은 불가분의 관계가 형성되는 것이다. 어머니 말씀처럼 이미 생명을 다해 미동도 없는 인간이라면 모를까 살아있는 생명체라면 어쨌든 먼지를 만들고 먼지와 함께 살아가는 것이다. 거기다 온갖 것에 오염된 대기 중에 떠 있는 먼지라니.

살아가면서 세상에 계시지 않는 어머니의 빈자리를 느끼며 살게 된다. 시대적인 인습과 넉넉지 않은 살림 탓일까 어머니의 배움은 아주 짧았던 야학이 전부였지만 삶의 긴 여정 그 인고의 세월을 사시며 자연스레 습득된 많은 지혜가 있으셨다. "부드러운 말 한마디 미묘한 향이로다."라는 큰 스님의 금언은 아니라도 어머니는 오라비와 동생에게 입버릇처럼 "말에서도 향내가 나는 법이란다." 하였다. 유독 강한 어조로 이르셨다. 행여 사내아이들이 밖에서 험한 말이라도 배우고 들어올까 봐 그러셨으리라, 살아생

전 하시던 말씀대로 "평생 살 것도 아닌데 아등바등 조바심 낼 것도 아니고." 하며 늘 큰 욕심 없이 살아오시던 어머니, 그래도 딸랑 하나 여자로서 머리에 대한 자존심만은 대단하셨다. 칠십이 넘도록 삼단 같은 머리 단정하게 빗어 땋고 쪽을 지어 비녀를 찌르시던 어머니는 희끗희끗 흰머리도 흉하지 않았던 분이셨다.

그러던 어느 날 친정 나들이를 다녀오신 어머니는 일대 변혁을 안고 오셨다. 사건은 평소 시고모를 임의로이 대하던 친정 질부가 "고모님 지금이 어느 때인데." 하며 시고모를 번쩍 안고 미장원에 들어가 긴 머리카락을 짧게 그것도 파마머리를 만들어 드렸던 것이다. 우리 사는 곳보다 조금은 더 시내였던 외가에서는 어머니의 구식 머리가 좋아 보이지 않았던지 시고모 어려운 줄도 모르고 일을 저지른 것이다. 어머니는 그 머리카락이 다 자라도록 거의 외출도 않으셨는데, 이미 짧은 머리 손질의 간편함을 아셨는지 그 후로는 줄곧 커트 머리를 하셨다. 다른 어른들에 비해 머리숱도 많으시던 어머니는 그 커트 머리 손질을 위해 한 달에 한 번 미장원을 가시는데, 그곳에서도 어머니의 머리 사랑은 "난 딴 사람 싫어 저이가 잘라줘야 돼." 할 정도였다. 물론 경력 많고 노련한 미용실 원장을 가리키며 단호하게 요구하던 어머니셨다.

매일 아침을 맞고, 다람쥐 쳇바퀴 같은 주부의 일상이 또다시 시작된다. 청소기가 지나가고 걸레가 지나간 자리에 사람의 약을 올리기라도 하듯 허공중에 부유하던 먼지는 또다시 책상이며 화장대 컴퓨터며 집기에 내려앉는다. 한시도 쉼 없이 움직이고 살아가는 우리 인간사, 때때로 병환으로 몸져누우시기 전 길 잘든

은발의 단정했던 어머니 모습을 추억한다. '사람한테 먼지가 없으면 죽은 목숨이란다.' 어머니의 생전 그 말씀을 떠올리는 철없던 딸도 어느새 희끗희끗해져 가고 있다. 언제 어느 때일지 모르지만 이 세상 다하는 그 날, 나풀나풀 작은 먼지 하나 되어 두둥실 부유하며 떠돌다 어머니 계신 그곳으로 날아갈 것이다. 어느 가신님의 노랫말처럼,

"먼지가 되어~ 날아가야지~ 바람에 날려~ 당신 곁으로~"

2009. 9

*아버지의 계절

맑고 청아한 겨울 하늘은 왠지 아버지를 닮아 더 슬프다. 누구든 슬픔이 없는 사람은 없겠지만 점점 희미해져 가는 기억 안의 엄격해서 더 고독했던 내 아버지를 가끔 그려 보곤 한다. 이 세상에 나를 있게 해 준 사람, 내가 보고 만지고 느끼고 맛보는 모든 것이 다 그분으로부터 기인했으니 내겐 아버지가 조물주요 신이요 절대자이시다. 그런 내 아버지가 세상에 나신 날도 추운 계절이요, 떠나신 그날도 새봄이 시작되려고 막 기지개 켜던 2월의 중순, 꽃샘추위로 모든 세상이 얼어붙던 그날을 나는 아직도 생생하게 기억한다.

아버지는 나라를 빼앗긴 일제 치하 그 암울한 시대의 1909년 정월, 한겨울의 태어나시고, 홍콩 A형 유행성 독감 후유증으로 돌아가신 해가 1981년 새봄의 문턱 2월 중순 겨울 끝자락이었다. 73세 비교적 젊은 연세에 한낱 유행성 독감 하나 이겨내지 못하신 아버지를 떠올리면 가슴이 아리다. 그래서 더 안타깝고 가슴이 시린 계절, 겨울 하늘은 더 코끝이 매운 아버지의 계절이다.

을사늑약 4년 뒤에 태어나셨으니 일제의 탄압을 고스란히 겪으셨을 것이다. 유교 관습이 배인 시대적 영향으로 신교육보다는 글방 도령 시절을 7년간 보내셨는데 유교적 가르침의 당위성을 벗어난 교육이라는 이유도 있겠지만 가정 형편상 신교육은 엄두를 못 내셨을 수도 있다. 당시 언문이었던 한글도 할아버지께서 무릎교육을 통해 자음과 모음의 결합으로 글자가 만들어지는 원리를 하룻저녁을 빌어 알려주셨고 이후 아버지는 혼자 독학을 하신 게 전부라고 하셨다.

아버지의 일화 중의 해방되기 몇 해 전, 불미스러운 일로 맞닥뜨린 주재소 소장을 일본말로 신랄하게 닦아세웠다고 하실 만큼 유창한 일본어 실력도 혼자 독학을 하신 것이 전부이셨단다. 죄가 없이도 어쩌다 '일인 순사'를 마주치면 오금이 저렸다는 당시 상황에도 일본 주재소 소장과의 시시비비를 가리려고 하시었다는 혈기 넘치는 아버지가 생경하기도 하지만 문득 아버지에게도 젊은 날들이 있었다는 것이 또 신기하다.

나는 때때로 나의 사회성 없음이 아버지를 닮았다는 생각을 할 만큼 아버지는 좀체 농담도 우스개도 못하셨다. 다만, 약주를 하시고 불콰해지면 시조를 읊으시는 정도이셨다. 문밖출입이 거의 없는 것은 급변하는 시대의 빠른 변화가 못내 거슬리고 버거우셔서 차라리 눈 감고, 귀 막고 그리 사셨을 것이다. 전통傳統을 경시하고, 예禮가 무너지고, 빠르게 변해가는 세상을 아버지는 받아들일 준비가 안 되셨을 것이다. 그런 과도기적 풍토 속에서 아버지는 어쩌면 염세적 방황을 하셨는지도 모른다. 그런 아버지의 성품을 말해주는 아버지의 초상화가 있었다. 조선의 강직한 선비 같은 가는 외까풀 눈매에 앙다무신 입술, 이름 없는 뜨내기 화상이 그린 초상화지만 어찌나 생생하게 묘사를 했던지 눈가 잔주름이며 노기 띤 아버지의 표정이 그대로 살아있어 신기할 정도였다.

생각해 보면 아버지의 삶은 평탄하지도 녹녹치도 않았을 것이다. 자식으로 남편으로 아버지로, 가난한 선비 집안의 장남으로 살아가는 그 삶이 얼마나 무거우셨을까? 장자 계승의 유산이 정립되었을 당시지만, 증조할아버지의 4남 중 셋째 아드님이신 우리 할아버님의 가산이 넉넉할 리 만무하다. 넉넉지 않은 빠듯한 가세로 일가를 이루고 살아오시면서 겪은 많은 어려움은 일일이 열거할 수도 없다.

질곡의 세월을 살아오시면서 가장의 무게를 견디며 살아오신 아버지는 연세가 높아지실수록 심신은 더욱 나약해지셔 서울 사는 누이동생들이 다녀가는 날에는 뒤돌아 앉아 눈물을 닦아 내기도 하셨다. 아버지는 이제 더 이상 호랑이 아버지가 아닌 보통의 할아버지 모습이 되시어 조금씩 철이 들어가던 딸의 마음을 아프게 했다. 어린 시절 나는 모든 아버지는 엄하고 권위적이고, 나이도 지긋해야 하는 것으로만 알았으니 얼마나 순진했고 우물 안 개구리였는지 절로 웃음이 난다. 눈앞에 세계가 온 우주 인양 살아온 좁은 시야는 지금껏 나의 최대 취약점이기도 하다.

어릴 적 기억의 아버지는 앞 동네 옆 동네 인근 근동까지 무섭고 근엄하시기로 소문난 분이셨다. 급격하게 변화하는 시류의 편승하지 못하고 약간의 염세적 성향을 가진 아버지는 세상일을 도외시 하였다. 그럼에도 간혹 외출을 하셨는데, 큰 키와 잿빛 두루마기 의관을 정제하시고 출타하시는데 돌아오시는 길의 동네 청, 장년들은 아버지와 마주치지 않으려고 피해 다녔단다. 혹 잘못 마주치면 장시간 훈시를 들어야 한다는 부담감 때문이었다는데, 그렇다고 무조건적 훈시가 아니었다고 믿는 이유는 일가와는 무관한 타성이거나 전혀 개선의 여지가 없는 사람에게는 그마저도 없으셨다고 들은 바 있다. 하지만 아버지의 그런 교육적 훈시가 좋아 일부러 아버지를 뵈러 오는 사람들도 있었으니 세상은 언제나 동전의 양면 같다. 옛 기억을 떠올릴 때 가끔 오싹한 상상을 해보는데 만약 훈시를 듣던 당시 젊은이들이 요즘 청소년들처럼 '할아버지가 뭔데 그래요.'라던가 '아저씨 왜 남의 일의 참견이세요?' 운운하며 따지고 대들기라도 했더라면 어쩔 뻔했나 하는 아찔한 생각을 했었다. 그러나 당시의 정서는 어른을 어려워하고 공경할 줄 아는 마음이 팽배했던 만큼 밥상머리 교육이나 어머니 아버지의 무릎 교육이 분명하게 존재했고 또 그만큼의 효력을 발생하던 고마운 시절이기도 했다.

또 늘 강조하시던 '출필고지반필면出必告之反必面'은 내가 좋아하는 인용구이기도 하다. '집 밖을 나갈 때 부모님께 고하고 돌아오면 반드시 부모님께 자신의 무사하고, 편안한 얼굴을 보이라'는 뜻이 담긴 출입에 관한 지침서라고 생각된다. 지침을 잘 이해하고 거짓말을 하지 않는다면 분명 일탈을 막는 확실한 탈선 방지 지침서가 될 수 있지만 작금의 현실은 공교육 외에 어른보다도 바쁜 시대에 살고있는 청소년들의 현실이 못내 안타깝다. 가끔,

친구들의 젊은 아버지가 부러웠던 적도 있었지만 아버지의 존재는 내게 언제나 커다란 바위 같았다. 그래서인지 아버지의 그늘에서의 짧았던 23년이 결코 무의미하다고 생각하지 않는다. 호랑이 같던 내 아버지가 점점 기력이 쇠하시고, 부쩍 약해지시는 모습을 보며 늦자식으로 태어난 서러움이 멍에처럼 가슴을 짓누르곤 했었다. 좀 더 철이 일찍 들어 아버지를 이해하고 아버지의 가르침의 좀 더 귀 기울였더라면 하는 아쉬움이 무엇보다 크게 다가온다.

긴 겨울, 아버지는 벼루에 먹을 갈고 좋은 글귀들을 써 벽에 붙이셨다. '삼강오륜'을 비롯한 주자십회朱子十悔 혹은 주자십훈朱子十訓이라는 자칫 소홀해서 평생 후회로 남을 글귀들을 오며 가며 볼 수 있게 하셨다. 60갑자, 24절기도 단골 벽보였는데 어린 자식들이 들고 날며 자연스레 익히게 되기를 바라셨을 것이다. 말로 열 마디를 일러 가르치기보다 가랑비에 옷 젖듯이 생활 속에서 익숙해지기를 아버지는 기대하셨을 것이다. 모든 것이 빠르게 변해가는 세상, 이처럼 지금은 잘 쓰지 않는 묵은 가르침이 현대 교육과 부합하지 않는다는 걸 아시면서도 유교적 전통 교육을 고집하는 아버지가 부끄러웠던 철없는 딸이었다.

아버지의 유교식 교육 방침에 대해 아직도 논박의 여지는 있다. 나 또한 그런 아버지를 다 이해하고 사랑했었는지 자신할 수 없다. 어리고 철이 없었다는 말로 정당화할 수 없는 어린 시절이 못내 후회로 남는다. 철이 좀 더 일찍 들어 아버지를 잘 이해해 드렸더라면 어땠을까. 다른 사람들의 바르지 못한 평판에 조목조목

반박할 수 있을 만큼 아버지를 이해하고 좀 더 사랑하고 이해했어야 했다. 그랬더라면, 그랬었더라면 아버지의 말년은 덜 외로우셨을 것이고 시리고 아픈 이 계절의 회한도 없지 않았을까. 올해도 이렇게 시린 아버지의 계절이 끝나가고 있다.

2015 겨울, 아버지를 그리며

*일탈

사랑합니다.

꽉 찬, 삼 일간의 여정에 여독이나 없으신지요?

다른 바쁘신 일정을 뒤로하고 100% 참여율에

동참하신 회원님들께 진심 어린 감동의 박수를 보냅니다.

살가운 우애와 인정으로 더욱 돈독한 형제애를

보여주시고 물심양면으로 지원해주신 전 회원님께

깊은 감사를 드립니다.

추억 한 꼭지 만들고 오시느라

분명 오늘은 힘든 하루가 되겠지만 다시 힘내시고

파이팅 하시기 바랍니다.

회원님들의 건강을 진심으로 기원합니다.

2박 3일간의 제주 관광을 마치고, 꼭 마쳐야만 할 숙제 하나를 해 치운 개운함으로 문자를 띄웠다. 이제 제주여행의 정산을 하고 후임 총무에게 넘기는 일이 과제로 남아있을 뿐이다. 회비가 불어갈수록 어깨에 눌리는 하중이 부담스러워 회장님과 결탁해서 제주도 여행길을 선택한 것은 정말 탁월했다. 여러 사람의 시선 모으는 일도, 회비 장부의 통장 관리까지, 어부지리로 얼떨결에 떠맡겨진 총무 자리가 남의 옷 같았지만 분명 오늘 같은 날은 다시 오지 않으리라.

11월 29일 초겨울의 새벽바람을 맞으며 집을 나섰다. 늑장 부린다고 채근을 하던 남편은 벌써 휑하니 먼저 나가버리고 허겁지겁 서둘러 반 뛰다시피 집에서 멀지 않은 사거리에 도착해 보니, 한발 앞서 집을 나선 남편은 벌써 25인승 버스에 올라 있었다. 인근 친정 동네에서 새벽 다섯 시 반에 출발한 미니버스에는 눈가 주름이며 꾸부정하게 나이 먹는 모습만으로도 가슴이 저린 내 피붙이들이 타고 있다. 서울 쪽의 사촌들은 각자 공항으로 올 것이고 의정부 인근의 사촌들은 우리와 합류할 것이다.

제주 여행의 운을 떼고 회원들의 의사 타진과 일정 조율, 여행사 견적 조율까지, 두 달여 준비 과정 동안 알게 모르게 노심초사했던 시간과 앞으로 2박 3일간의 여정이 순조롭기만을 바라는 마음에 여행의 설렘도 만끽할 여유가 없다. 우선, 항공티켓 시간에 맞춰가는 것이 관건인 만큼 가는 도중에 타기로 되어있는 팀들의 조우도 걱정이었다.

이미 미니버스에 타고 있는 반가운 얼굴들, 돌같이 단단했던 오라비와 동생 내외, 통칭 백혈병이라는 악성림프종을 이겨낸 건강한 얼굴의 사촌 오라비 내외와 우리 부부가 타고 있다.

십여 분쯤 달리다 보니 첫 번째 합류 팀이 막 택시에서 골프가

방이며 짐을 꺼내고 있다. 자로 잰 듯 타이밍을 맞춘 언니 형부를 보자 오늘 하루가 왠지 순조로울 조짐이다. 또 십 분쯤 달려 회장 사촌언니 내외가 타시고 서로의 얼굴을 바라보며 안부를 나누는 동안 의정부의 사촌동생도 태우고, 동갑내기 사촌의 합류를 끝으로 미니버스는 김포로 내 닫는다. 서울에 사는 사촌들은 각각 공항으로 오고 있는 중일 것이다. 그렇게 제주 여행의 첫걸음을 순조롭게 떼었다.

내 외종사촌 14남매의 모임, 아버지의 형제분 4남매의 자손들이 놀랍게도 20남매나 된다. 고령의 언니 두 분과 집안 대소사에 겨우 얼굴을 볼 수 있는 사촌들을 제외한, 내외종 14남매, 직업 또한 다양해서 일정 조율이 쉽지 않았었다.

40대부터 60대까지의 14남매가 일 년에 한두 번 얼굴을 보자고 모임을 결성한 지 7~8년이다. 한해 두해 만남이 거듭되고 많지 않은 회비 갹출에도 시간이 많이 흘렀으니 회비는 불어나고 참여는 또 저조해져서 어떤 이벤트이건 한 번쯤 재정비하는 계기가 필요했다. 이런저런 이유와 제법 큰 덩이로 불어난 회비를 빌미로 제주도 2박 3일 여정의 고삐를 마련하게 되었고 오늘에 이른 것이다.

염려 속에 우리는 넉넉하게 공항에 도착해 해당 항공사 앞에 진을 치고 서울 사촌들을 여유롭게 기다리며 티켓팅 전의 쓴 모닝커피와 베이글로 아침을 대신한다. 잠시 후 눈웃음이 인상적이신 고종사촌 형부가 언니를 앞세우고 와주셨고 또 그 언니의 동생들이 커다란 골프가방을 공항 카트에 싣고 한 팀, 두 팀 들어섰다.

일정이 정해지고 나서 조심스레 골프 한 게임 치면 안 되겠냐는 서울 사촌동생의 제안을 받았었다.

그 제안 속에는 다른 회원들 간에 위화감 조성을 염려하는 마음과 또 어쩌면 서로 다른 일상으로 소원해진 형제들 간에 우의를 다지고 싶은 마음도 읽을 수 있어 조심스레 의견을 개진했었다. 다른 사촌(비 골프인)들의 이해와 배려가 있어 이틀째 오후를 비워두었다. 그 단 한 게임을 위해 저렇듯 커다란 짐들을 챙겨 오다니 우리가 모르는 골프에 무진 매력이 있는가 싶기도 하다.

성남 쪽에서 오는 두 회원 부부는 아직 도착 전이다. 이제 정말 시간이 넉넉지 않아 주선자로서의 책무가 앞서 조바심에 공연히 심호흡을 해본다. 잠시 후 두 남매 부부가 막 도착해 주차 중이라는 전갈을 듣고 남편에게 나중을 부탁하고 우리는 1번 게이트를 찾아 빠르게 움직였다. 좌석 표를 확인하고 자리를 찾는 동안에도 심장이 조인다.

그리고 비로소 보이는 반가운 얼굴, 드디어 시작된 짧은 제주 여행이 시작되었다. 비행기 이륙 시간 십여 분을 앞두고 네 사람이 겨우 도착하는 아슬아슬함을 빼면 빠듯한 일정과 많은 인원으로 인해 급구된 저가항공의 아쉬움을 제외하면, 뭐 이런 긴장감쯤이야 얼마든 감내해도 좋으리라.

사별한 지 십수 년을 꿋꿋하게 잘 살아오시는 사촌언니가 홀로 참석하셨고 다른 일정으로 인해 참석 못 한 큰올케를 제외하면 사촌 14남매의 100% 참여율은 가슴이 벅차도록 감사한 일이다. 제주 여행 일정이 늘 그렇듯 올레길 트레킹 코스 외돌개를 경유하는 코스는 벌써 여러 차례 왔던 코스지만 중간중간 쉼터마다 어묵꼬치에 막걸리도 좋았고, 한겨울 짧은 해가 뉘엿뉘엿할 때 바닷바람을 맞으며 먹던 소라, 멍게와 맑은 소주의 맛과 멋은 같이 한 사람이 누군가에 따라 감흥을 달리한다. 계절마다 풍광을 달리하는 제주 매력에 빠져 삼삼오오 눌러대던 셔터는 오랜 시간이 지난 뒤 분명 우리를 추억으로 마중할 것이다.

가슴을 조이며 보던 마상 쇼며 오토바이 서커스, 주상절리의 풍광 앞의 제주의 바람을 온몸으로 맞아도 보았으며, 늘 먹던 고등어조림도 그날만은 분명 특별했다.

완벽한 그림을 만들어내던 천제연폭포와 또 무엇보다 '일출 랜드'에서의 환상적인 추억을 만들고 온 것이다 산책코스 중간에 비치된 사물놀이를 보자 누가 먼저랄 것도 없이 악기를 하나씩 점하고 펼치던 즉석 연주는 다른 관광객들의 환호를 받을 만큼 훌륭하고 아름다운 그림이었다. 회원마다 제주를 밟는 숫자도 제각각이어서 골프를 즐긴다는 사촌은 십여 차례도 훨씬 넘는다고 했고, 신혼여행 이후로 처음이라는 설렘을 안고 제주를 밟은 회원도 있다. 그러나 나는 자신한다. 이번 여행은 횟수의 관계없이 모두에게 특별한 추억이 되었으리라는 것을.

큰 방에 둘러앉아 추억 쌓기를 하려다 무산된 일은 못내 아쉬움이었지만, 개폐식 돔 클럽에서 때마침 날리는 눈을 맞으며 오랜만에 음악에 몸을 맡겨본 일도, 마니아들만의 일탈이었던 골프 회동도 또 다른 추억 만들기의 한 부분이었다. 제주 명물 오메기떡과 수산물을 감사의 선물을 모두에게 건넸지만 아쉬움이 없지는 않다.

그러나 오늘 이 순간 사촌들의 건강함과 일정을 쪼개 모두 함께 했다는 것의 큰 의미를 두기로 하자. 기획에서부터 차근차근 준비한다고는 했어도 모두에게 만족스러운 여행이었나를 염려할 만큼 서툰 진행이었음을 자인한다. 아쉬움을 뒤로하고 2박 3일의 짧지 않은 여정은 그렇게 끝나가고 있었다.

2013, 초겨울

*비타민 제제와 아주 오랜된 추억

집을 나서기 훨씬 전부터 작은 갈등이 시작됐다. 병원을 갈까, 약국을 갈까? 그러나 그 작은 고민은 나를 추스르기 위한 몸짓에 지나지 않는다는 걸 나 스스로 알고 있다. 해마다 반복되는 증상이지만 유난히 올여름의 무더위는 높은 습도에서 오는 증상일까, 수일 전부터 물에 젖은 솜처럼 늘어지는 몸이 걱정을 불러오게 되었다. 그리고 그 고민과 걱정의 원흉은 지난해 건강검진을 건너뛴 것에서 비롯된 것이기에 중년 여성이라면 누구나 생긴다는 '갱년기 증상'이거니 스스로 위안을 삼지 않으면 안 되었다. 눈에 띄게 피로하고 정상적인 컨디션을 유지하기 힘든 날이 잦아 더 이상 늦출 수 없어 집을 나선 참이다.

눈에 띄는 증상은 어느 날은 붓기가 있고 또 어느 날은 허리가 끊어질 듯한 요통을 동반해 일상생활에 지장을 줄 만큼 나를 괴롭혔다. 부모님 늦은 나이에 세상에 태어난 때문일까, 타고난 저급 체력을 감안하면 이른 더위에 기운 좀 빠진다고 유난을 떠는가 싶어 지나치려고 해도 누가 감히 건강에 관한 한 안심할 수 있으며 자신할 수 있단 말인가. 거기다 지난해 건강검진을 거른 사실이 긴장으로 옥죄어 왔다.

시내를 나갈 때 생각은 늘 다니던 병원을 찾아 '알부민'이나 '포도당 링거'라도 맞고 올까 생각했지만 어느 사이 나는 약국 문을 들어서고 있었고, 망설임 없이 버드나무 무성한 상표의 국민 영양제 하나를 사는 데 그쳤다. 언젠가 지인이 했던 말 중에 카이스트 연구원이라는 조카가 '우리 것이 단연 최고'라고 했다는 말이 떠올랐기도 했지만 일정 주기로 먹어오던 것을 거르던 일이 새삼 떠오른 때문이었다.

영양제를 받아 가방에 넣고 약국 문을 나설 때, 이미 내 건강염려증 따위는 반쯤 사라지고 혼자만의 갈등도 언제 그랬냐 싶게 사라졌다.

어떤 병이든 마음에서부터 온다는 말처럼 늘 상시 복용하던 영양제 한 병으로 이미 기운도 기분도 한결 좋아져 발걸음이 가볍다. 집에 돌아와 약병을 열어 '달그락' 소리를 내며 주황색 알약을 꺼내 입에 털어 넣자 그 반쯤 남았던 걱정도 일시에 사라지는 느낌이었다. 겨우 오십 중반이지만 다른 각도에서 생각해보면 예전보다 영양 상태며 위생, 의료시설까지 모든 생활환경이 현저하게 좋아져 점점 나이를 잊고 산다. 물론 모두가 그렇다고는 할 수 없지만 분명 좋은 세상인 것만은 분명하다. 겨우 영양제 하나 식탁 한쪽에 놓아두고 만족해하는 나 자신에 그만 웃음이 나온다.

한결 가벼워진 마음에 오랜만에 친구를 만난 듯 약병을 만지작거리다 성분, 함량을 읽어 내려갔다. 약 부작용이 있다거나 특이

체질도 아니어서 설명서는 늘 건성건성 무심하게 보았었다. 성분 표시야 물론 모두 학명과 전문용어로 되어 있으니 어떤 약제가 어느 정도 들어갔는가를 알고 싶은 것은 아니었다. 작은 글씨를 따라 읽어 내려가다가 나는 무엇엔가 한 대 얻어맞은 듯, 크게 놀라 가슴이 마구 뛰기 시작했다.

'비타민 B1, B2, B4, C 등이 필요한 육체 피로 임신 수유기 병중 병후의 회복을 돕고' 등의 문구 밑으로 '이런 증상의 완화(신경통, 관절염, 요통, 어깨 결림, 입 주위에 잘 생기는 구순염 피부병)'까지, 비타민 제제의 복용만으로 증상들이 호전 혹은 완화된다는 설명서에 마치 새로운 발견을 한 것처럼 가슴이 뛰기 시작한 것이다. 무엇보다 요통, 허리 통증의 완화라는 단 몇 단어의 무지했던 어린 날 그림이 떠오르며 뭔지 모를 억울한 마음이 밀려와 울컥 북받쳐 오른다.

내 어머니는 봄부터 늦가을까지 요통을 달고 사셨다. 낮 시간은 집안 살림과 밭일로 항상 바삐 움직이시다가 저녁 시간 잠자리에 드시면 특히 고통스러워하셨다. 그때 나는 정말 아무것도 몰랐던 철부지 아이였다. 잠이 쏟아지는 어린 딸을 깨워 허리를 주물러 달라는 어머니를 이해하기보다 야속했을 것이다. 어쩌면 젊고 건강한 엄마를 갖고 싶었을지도 모른다. 밤새 단잠에 들지 못하고 허리 통증에 시달리던 어머니가 안쓰러웠지만 어린 나는 아무것도 할 수 없었다.

어머니 요통의 원인은 대체 무엇이었을까. 늘 반복되는 일상의 버거움 때문일까 아니면, 늦은 나이까지 출산과 양육으로 진이다 빠져 생겨난 증상인 걸까? 어머니는 유난히도 잦은 몸살을 앓으셨는데 그런 증상까지도 소위 말하는 비타민 결핍에서 왔을 수도, 유사 영양 상태의 부족이었을 가능성까지 생각이 미치자 왠지 이미 계시지 않은 어머니가 안쓰러워 견딜 수가 없었다. 그즈음에 나는 뭣도 모르던 어린아이였으니 잠결에 일어나 어머니의 한 줌밖에 안 되는 허리를 주무르며 투정을 부리지나 않았는지, 잠에 곯아떨어져 도움을 청하는 어머니의 손길을 모르지는 않았는지, 뜻 모를 설움과 회한에 기어이 왈칵 눈물이 쏟아졌다.

어머니는 골골 육십 대가 지나고 가끔씩 병원 신세를 지시기는 했지만 다행히 팔십 중후반 뇌졸중으로 몸져누우시기 전까지 비교적 강건하게 버텨주셨다. 물론 말년에 뇌졸중으로 2~3년의 짧지 않은 병상 생활을 하셨지만 자식들에게 온전한 봉양을 받으시던 그 시간들이 어머니에게는 최고의 시간이었는지도 모른다. 자식들로서는 다소 힘든 날들이었겠지만 치매 증상으로 인지능력을 반쯤 잃고 편마비로 고생은 하셨지만 매일 방을 들여다보아주고 밥 수저에 반찬 올려드리는 호강을 누리셨으니 어머니에게나 자식들에게나 그리 나쁘지 않은 시간이었다고 생각한다. 그러나 긴 노인성 질환은 자칫 자식들의 마음을 피폐화 시킬 것이라는 무서운 예감이 들고, 자식들이 조금씩 지쳐갈 즈음 어머니는 구십 세가 되시던 그해 이른 봄날 우리 곁을 떠나셨다. 세상에 홀로 버려진 느낌, 세상이 텅 비고 홀로인 듯한, 공허함 이런 내 감정들이 특별하다기보다 내가 처했던 상황이 그랬다.

남들과는 조금 다른 내 상황은 이미 출가한 언니들과 군에 간

오라비, 집에 남겨진 사람은 연로하신 부모님과 동생과 나뿐이었다. 그렇게 칠십 년대 말에서 팔십 년 초까지 온전한 삼 년을 연로하신 부모님이 나의 연약한 두 어깨에 의지하신 처녀 농군 시절이 있었다.

물론 내게는 정신적 지주이신 어머니 아버지가 계시고, 또 가까이에 숙부님댁, 동네 전체가 집성촌 일가 속이었으니 무서울 것도 두려울 것도 없었다. 또 네 사정 내 사정을 다 아는 친구가 곁에 있어 그리 어려움도 모르던 시절이기도 했다. 그때 어머니는 매해 겨울을 나기 위한 홍역을 치르곤 하셨는데 지금처럼 병의원의 문턱이 낮을 때가 아니어서 병원에 모시는 일도 거의 없었다. 그때마다 어머니가 잘 못되기라도 할까 봐 눈물 바람을 하는 나에게,

"얘 걱정하지 마라. 엄마는 땅 냄새 맡으면 또 일어나신다." 하였다.

집안 아주머니의 위로는 언제나 내게 큰 힘이 되었었다. 정말로 어머니는 아주머니의 말씀처럼 해토가 되고 흙냄새가 향기로울 즈음 거짓말처럼 털고 일어나셨다. 그렇게 한 해 한 해를 맞곤 하셨는데, 병약한 당신으로 인해 늘 미안해하시던 어머니는 "쭉정이 밤송이가 삼 년 간단다."라는 말로 나를 위로하기도 하셨다.

세월은 덧없어 내 나이도 어느새 반환점을 돌았다. 그리고 비타민 영양제 하나로 허리 통증으로 밤새 뒤척이던 어머니가 떠올라 울컥 쏟아진 눈물, 어머니가 그러했듯 나도 언제인가부터 몸이 무거워지고 하나둘 흰머리도 주름도 생겨난다. 조금씩, 조금씩 그리 닮아가는 것이다. 주름진 어머니의 그 손에서 쫀득쫀득한 조

청도 만들어졌고 찰랑찰랑한 도토리묵도, 청포묵도 만들어져 나왔었지, 그 요술 같던 어머니의 손을 닮고, 지혜롭고 너그러운 할머니의 미소를 닮은 편안한 모습으로 나도 그리 편안하게 늙어가고 싶다.

2013『포천문학』15집

*욕의 재발견

책 속에서 진한 감동과 긴 여운을 만나는 건 그리 어려운 일은 아니다. 눈물도 많고 웃음도 많은 다소 무른 듯, 혹은 빈 구석이 많아 보이는 내게는 더욱 그렇다. 때론 이성적이지 못하고 조금은 무디고 헐렁해 보이는 내가 싫을 때도 있지만 그래서 어쩌면 남보다 쉽게 감동받고 쉽게 울어버리는지도 모른다. 그러나 어쩌랴 남과 다른 성향으로 이리 태어난 것을.

지금은 고인이 되신 박완서 선생님의 산문집과 단편소설을 곁에 하고 있던 수년 전 이야기다. 그냥 선생님 작품을 보면 마냥 편안해서 좋고 예스러워 좋고 정겨워서 좋다. 거기다. 워낙 존경하는 분이시기도 하지만 내 어머니 같은 수더분함 속에 내재된 사회를 직시하는 선생님의 시각과 놀라운 통찰력, 상상의 한계를 뛰어넘는 화려한 수식어나 감칠맛 나는 문장의 조합은 그저 놀라움 그것이다. 나는 선생님만의 이야깃주머니 속을 들여다보고 싶을 만큼 선생님의 작품 성향을 좋아했다. 선생님 특유에 언어와 독특한 문체로 독자를 감동시킬 수 있는 그 원천이 또 한없이 부럽다. 그것은 존경심과 아울러 따를 수 없는 한계에 부딪혀 질투와 함께 시기심을 증폭시키니 생각해봐도 어이없는 일이 아닌가.

관심 있는 사람이라면 익히 알고 있듯이 선생님은 1931년 경기도 개풍 출신이다. 개성 또순이라더니 개성과 가까운 지역적 특성은 아마도 사람을 단단하고 야무지게 만드는 것 같다. 선생님의 산문집과 단편들 속에서 느끼는 선생님의 선하고 유함 속에서도 또순이 같은 강인한 기질이 여지없이 드러나 그대로 작품 속에 투영된다. 그리고 그 속에는 각각의 모습으로 살아가는 우리가 있었으며 나도 모르게 작품 속으로 빨려 들어가 설렘과 떨림을 만끽하는 것에 나는 주저하지 않았다. 그와 함께 작품 속에서 만나는 또 다른 묘미는 '비속어' 욕을 만나는 것이다. 책 속에 녹아있는 그 시절 '욕'은 내게 참을 수 없는 웃음을 주고 눈물을 주고 또 그리움과 함께 진한 카타르시스로 전율케 한다.

개화기 어느 즈음이 배경인 그곳에는 민초들의 고된 삶이 있었고, 일인들이 자행하던 민족혼 말살과 수탈에도 견디어내던 부모님도 계셨다. 우리의 국토 우리 정신의 근본을 지키며 살아남아야 했던 우리들의 윗세대인 부모님. 조부모님 세대는 해방의 기쁨이 채 식기도 전에 동족상잔의 비극을 맞았다. 3년간의 긴 전쟁의 포화를 딛고 산업화가 진행되던 1950~1970년대의 민초들의 삶에는 맛깔스러운 찰진 욕이 여지없이 튕겨 나와 나를 마구 흔들어 놓았다. 고되고 가난했던 시절, 아이를 업은 아낙에 입에서도 욕이 쏟아졌으며, 하루해를 고된 노동의 현장에서 보낸 취객의 입에서도 찰진 욕이 쏟아져 나왔다. 인물과 인물 간에 오해와 불신이, 인물과 공권력과의 이해관계가, 또 그저 사는 것이 힘들고 지쳐 침을 뱉듯, 하늘을 향해 삶의 고단함을 하소연하듯 주먹을 쥐어 보이고 욕을 했을 것이다. 그리한들 그들에게 달라지는 것이 있었을까만 가난을 원망하고 시절을 원망하면서도 그들은 또 그렇게 일가를 이루고 사회를 이루고 그렇게 우리의 역사를 써 나왔던 것이다.

무엇 하나 부족함 없는 현실을 살며 우리는 알게 모르게 추억을 그리워하며 곱씹는다. 그 시절 네 집 내 집의 사정이 다 비슷비슷했고 부지런해야 잘 살 수 있었던 시절에 욕은 일상이었는지도 모른다. 누구를 증오하고 미워해서 내뱉는 악다구니가 담긴 욕이 아닌, 삶의 무게에 지쳐 나도 모르게 나오는 한숨과 같은 것은 아니었을까. 옛 추억에 젖어 욕쟁이 할머니의 식당을 찾는 것도 어쩌면 할머니의 욕이 그리워서도 옛날식 시골밥상이 그리운 것도 아닐 것이다. 어쩌면 그들은 그들의 머나먼 고향이 그리워 어머니의 꿈을 꾸고 있는지도 모를 일이다.

나이가 제법 들면서 초등학교 동창회를 하기 시작한 지 이십 년이 가깝다. 지역을 크게 벗어나 본 일은 없지만 그 시절이 그립긴 마찬가지다. 어릴 때 모습을 그대로 간직한 친구도 있겠지만, 시간의 흐른 만큼 모습도 성격도 변해간다. 그런 동창들 중에 얼굴도 예쁘고 마음은 더 예쁜 서울 친구의 반전 매력을 만나는 건 모임에서의 또 다른 재미다. 그녀가 다른 친구들에게 툭툭 던지는 장난기 가득한 애정 어린 욕은 좌중을 웃기고 또 울린다.

"기집애야! 너는 일이나 해라. 우린 술 먹을 테니."

한사코 술잔을 피하는 친구에게 건네는 애정 담긴 욕이다. 크고 작은 친구 모임마다 궂은일 마다않고 항상 뒤에서 서포트를 해주는 친구에게 보이는 그녀 방식의 애정인 것이다. 생각해 보면 욕을 먹고 좋아할 사람은 없다. 그럼에도 그녀의 욕을 듣고도 화를 내기보다 웃음이 먼저 터지는 것은 악의가 없는 그녀의 따듯한 마음을 읽을 수 있기 때문일 수도 있다. 그렇다면 모두의 웃음을 유발하는 그녀의 밉지 않은 욕을 어떻게 해석할 수 있을까. 단언컨대 그것은 추억을 상기시켜 기억 저 너머 그리움으로 응결된 '나'를 만나는 통로라고 말할 수 있지 않을까. 그 속에는 조금은 젊은 날의 부모님도, 골목을 누비던 개구쟁이 친구들도 안개처럼, 아지랑이처럼 피어나기 때문일 것이다.

어린 날의 기억을 더듬어보면 욕은 금기시해야 하는 첫 번째 규율이었다. 가난하고 곤궁한 살림이었지만 선비로서의 기개와 자존심을 자신의 무게만큼 지고 사시던 선친께서는 세상을 향한 울분을 가슴속에 묻으시고 밖으로 표출하는 분이 아니셨다. 그러나 어쩌다 약주가 과하실 때 한 번씩 '하늘이 득득 맷돌질을 하던지' 하시던 아버지, 그리하여 사람이 걸러지고 정의와 도덕이 바로 서야 한다고 하시던 아버지셨다. 세월의 흐름 따라 점점 나약해지는 모습을 바라보면서 술을 빌려 속엣 말을 하시는 아버지를 조금은 이해하려 했었다. 아버지와는 달리 내 어머니는 그 시절 부녀자들이 그러했듯 배움이 많지는 않으셨지만 당시 유교사상에 결코 뒤지는 분이 아니셨다. 겉으로 드러난 왜소함보다 작은 몸속에 가려진 강인함이 있어 당신 아들들의 훈육에는 항상 엄하기만 하셨다. 밖에서 놀다 돌아와서 쓰는 그들만의 언어에 "말에서도 향내가 나는 법이다."라고 단호하게 일침을 가하던 어머니, 어머니의 그 말씀은 나에게도 평생에 진리가 되어 내 아이들을 그리 훈육했었다. 적어도 내 아이들이 예의에서 벗어난 행동을 하거나 언어생활에 있어 나를 실망시키지 않기를 바라는 마음에서이다.

얼마 전, TV 영상 속에 젊은 친구들의 언어 습관을 공익광고에서 본 적이 있다. 청소년들이 사용하는 언어가 비속어를 빼면 제대로 된 대화가 이루어지지 않고 있다는 공익성 광고였다. 마르지 않을 샘물 같은 아름다운 청춘의 시절, 그 푸르른 청춘들의 아름다운 입에서 흘러나오는 결코 아름답지 않은 언어를 어찌할까. 무조건 어른들을 따라 하고 흡수하는 어린 친구들에게 그것은 다른 언어들처럼 단어들을 조합해 문장을 이루듯 보통의 언어로 인지하고 쓰는 것이리라. 아차, 싶은 마음에 입을 가려보고 또 다른 적정 단어를 찾지 못하는 자신들의 모습에 놀라 이내 씁쓰레하는 표정이 그나마 언어 습관을 바꿀 수 있는 의지로 보인다. 우리 기성세대들의 자성이 있어야겠지만 그 아름답지 않은 그들의 언어를 인지하고, 새로이 바꾸기까지 또 얼마나 긴 시간이 걸릴 것인가.

2013 『한국에세이』 6집, 『포천문학』 15집

*나락

우리는 살아가면서 얼마나 많은 천국과 지옥을 경험할까? 사람들은 모두 기쁨과 행복을 추구하고 천국을 꿈꾸며 살아간다. 비교적 욕심 없이 살아간다는 나도 때론 당치 않는 과욕으로 무모한 결심을 하고 겁 없이 덤벼들어 일순간 나락으로 떨어지는 과오를 저지른다. 선부른 도전, 정말 그것은 무모하고 무지했다. 예전에 없던 용기와 함께 가장 결정적인 과오라고 생각되는 자신감은 또 어디에서 비롯되었는지, 정신을 차려보니 천 길 낭떠러지 같은 나락이다. 어쩌면 그 같은 결과는 너무도 당연한 결과였기에 쓴웃음도 나오지 않았다.

청소년기를 막 지났을 어느 때에 우연하게 접하게 된 한국 단편집이 있었다. 그 단편 작품들은 어린 가슴에 파문을 만들고 거세게 소용돌이쳤다. 어릴 적 내가 자란 시골 마을에는 서재나 번듯한 책장을 갖춘 집이 드물었다. 늘 새로운 읽을거리의 충족되지 않은 시골 환경에서 내 손에 들어온 몇 권에 단편집은 내 갈증을 풀어주기에 너무도 적당했다. 이상, 염상섭, 전영택, 현진건, 김유

정, 김동인 등 기라성 같은 작가들의 단편들은 새로운 세계를 경험하게 해 주었고 오래도록 잔상이 남아 가슴을 설레게 했다. 검증되지 않은 밑도 끝도 없는 자신감은 어디서부터 비롯된 것일까? 단 한 사람만이라도 감동받을 수 있는 단 하나의 작품을 써보리라는 결심도 그즈음이었을 것이다. 평범하게 살아오는 동안에도 흡사 고장 난 브레이크처럼 좀체 멈출 수 없었다. 하지만 남편을 만나 결혼을 하고 출산과 육아 생활인으로 살아가는 동안 작가의 꿈은 그렇게 잊혀갔다.

그 시절 내가 느꼈던 단편의 매력은 빠른 전개와 과하지 않은 등장인물, 짧은 스토리 안의 결론이 보이는 완결미가 그것이었다. 대개의 작품은 감동으로 다가와 오래도록 여운이 남기도 하지만, 방화와 살인을 하면서 예술의 경지에 다다르는 유미주의의 황당한 모티브에 놀라고, 병든 아내가 죽어가는 날 평소 같지 않은 호황에 병든 아내를 잊기라도 할 양으로 짐짓 술에 취해 악다구니를 퍼붓는 인력거꾼의 처절한 이야기도 뇌리에서 오래 잊혀 지지 않았다. 그 짧은 단편들 속에 담긴 매력이 얼마나 오묘하던지 오래도록 내 가슴을 두근거리게 했고 단편 작가 꿈을 꾸게 했다. 그리고 어떤 한 작품으로 인해 꾸었던 작가의 꿈, 어이없게도 그 작품의 제목도 작가도 잊어버릴 만큼 오랜 세월이 흘렀다. 하지만 나를 단편 작가로 꿈꾸게 했던 그 작품은 아직도 아슴푸레 기억 속에 남아있다. 그 작품의 줄거리와 결미 부분이다.

옛날 시대 생활상이 다 그렇듯 어느 가난한 집의 작은 여식이 머리에 헌데(상처)를 가지고 있었다. 지금처럼 영양 상태가 좋은 것도 아니고 좋은 약이 있을 리도 없어 그 헌데는 자꾸 덧나고 또 덧나 상처가 좀처럼 아물지 않았다. 그러던 중 그 여식의 아비는 어디서 들었는지, 어떤 근거로 그랬었는지 살아있는 쥐를 잡아 그 가죽을 벗겨 여식의 머리 상처에 쥐 가죽을 덮고 싸매 주었다. 어린 여식은 그 징그러운 것을 보았던지 자꾸만 싸맨 것을 쥐어뜯으며 칭얼거렸다. 그리고 몇 날이 흘렀던가. 밤새 보채고 칭얼대던 어린 여식은 다음날 아침 밥상을 받고서 급기야 조막만 한 어린 손으로 싸 맨 헝겊을 풀기에 이른다. 어른들이 나무라고 말릴 새도 없이 헝겊 조각과 쥐 가죽이 벗겨졌다. 그리고 벗겨져 드러난 상처에서는 구더기들이 쏟아져 나왔다는 것이 결미였지 싶다.

차마 말로 할 수 없는 충격은 쉽사리 가시지 않았다. 징그럽고 더럽고, 무엇보다 어린 여식이 받았을 충격을 나는 받아들이기 어려웠다. 밤새 근질대고 스멀거리는 고통을 견디고 아침을 맞았을 어린 계집아이를 생각하니 몸서리가 쳐졌다. 대체 그런 모티브는 어디서 생겨났을까? 그 시절 서민들의 살림살이와 작가에 대한 궁금증이 증폭됐다. 섬뜩한 줄거리도 충격이요 놀라움이지만 또한 이것이 단편 만에 매력이기도 했다. 일일이 설명하고 풀어내는 장편이 아닌 독자들의 상상력을 자극시키기에 충분했었으니까.

살아가느라 잠시 잊고 지냈을지 모르는 그 작품을 다시 생각게 하는 계기가 있었다. 수년 전 어느 날 TV를 통해 해외 뉴스를 보다 놀라 벌어진 입을 다물 수가 없었다. 뉴스 영상은 놀랍게도 어느 나라의 의료계가 새로운 치료방법으로 착안했다는 설명과 함께 곪아가고 있거나 잘 낫지 않는 상처에 구더기를 놓아두어 상한 살을 먹게 하고 새살을 돋게 하는 치료법이라고 보여주는 놀라운 영상이었다. 마치 둔기로 머리를 맞은 것처럼 개운치 않은 것은, 수십 년 전의 보았던 단편 속의 어린 계집아이가 떠올랐던 때문이다. 어쩌면 여식의 아비도 저런 결과를 기대했었겠구나 하는 그 아비를 조금은 이해할 것 같기도 했다. 의원에게도 데려갈 수 없었던 가난한 아비의 선택도 어떻게든 빨리 헌데로부터 여식을 낫게 하려고 선택한 민간치료법의 하나였으리라.

그날 이후 나는 잠자던 작가의 꿈을 끄집어내기에 이르렀다. 무모하고 쓸데없는 고집일 수도 있는 결심을 잊기라도 할까 봐 머릿속에선 작품 구상에 대한 끝없는 방황이 시작되었다. 그리고 지난겨울 그 단단한 결심이 알을 깨고 세상 밖으로 나왔다. 다른 일상은 배제하고 집에 들어앉아 모 신문사 신춘문예에 응모할 작품 쓰기에 돌입했다. 그러나 생각처럼 쉬운 일이 아니라는 걸 알아가는 것과 무모한 도전이 되리라는 것을 깨닫기까지 그리 오래 걸리지 않았다. 처음의 여유로움은 사라지고 시간에 쫓기고 허둥대기를 거듭하며 마감을 앞두고 정신이 번쩍 들고 조바심이 났다. 이미 오래전부터 줄거리며 결말까지 생각해 두었던 것이 있었지만, 완벽한 스토리라고 믿었던 처음과는 달리 엉성하고 미흡한 것만 같아 몇 번을 중단할까 생각했다. 그렇다고 실패가 두렵진 않았다. 생각해 보면 노력과 열정이 더해서 좋은 결과가 만들어지는 것이라면 나의 실패는 너무나 당연한 일 아닌가.

발표를 기다릴 것도 없이 이미 마음은 정리되었다. 결과는 분명한 실패였고 처절하게 나락으로 떨어졌다. 생각보다 충격이 작았던 것은 내가 최선을 다하지 않았을 것이라는 것이다. 시간이 지나고 마음을 가다듬으니 문제점이 하나둘 보이기 시작했다. 무엇보다 자료를 수집하고 준비하는 과정이 생략된 것이다. 창작의욕만 앞세운 신중하지 못했던 나의 허점들, 그중 가장 큰 실수는 다른 작가 지망생들의 오랜 노력을 터부시했거나 그들의 노력을 간과했었다는 것이다. 결과는 신중하지 못했던 나의 행동에 대한 처절한 응징이었고 질책이었다. 실패가 매양 실패로 끝난 것이 아니라는 것은 비록 도전이 실패로 끝났다고는 해도 성찰의 기회가 되었다는 것만으로도 성과는 충분했다고 믿는다.

성장기 우연한 기회에 접했던 작품으로 평생 잊을 수 없는 감동을 받았듯이 할 수만 있다면 나도 누군가에게 감동을 주는 글쟁이로 기억되기를 소망하였었다. 오랜 시간이 흐른 뒤 나는 기억할 것이다. 그해 쉰 살의 겨울은 나름 진취적이었으며, 원고를 안고 우체국으로 향하는 동안 평생 잊지 못할 희열을 경험했었노라고, 처절하게 나락으로 떨어졌던 순간들마저 모두 아름답게 추억할 수 있지 않을까.

『에세이문예』 2009 봄호

3부

*별星과 별別하다

언제부터인지 메일 확인이 주 단위, 혹은 더 길어지기도 해서 '전체 선택', '삭제'를 퍽 여러 차례 거듭하는 날이 자연히 많아졌다. 꼭 받아야 할 중요한 메일보다 상업성, 광고성 스팸메일이 대부분인지라 이따금 대충 훑어보고 삭제를 하면서 생긴 버릇이기도 했다. 엊그제도 여느 날처럼 전체 선택과 삭제를 반복하다가 화면을 응시하던 내 눈길을 의심해 손길을 멈추었다. 아! 대구 종숙님이시다. 어렵고 어려운 시댁 어른 시 종숙님이 되시지만 오늘같이 메일을 주시는 날에는 종질부와의 거리감보다 '문우'로서의 동지적 성향에 무게를 두시고 가끔 안부와 함께 따끈따끈한 수필을 보내주시어 받곤 했었다.

설렘도 잠시, 종숙님의 메일 '별이 지다'라는 제목만으로 나는 그만 메일을 열어보기도 전에 눈자위가 붉어지고 목이 메어왔다. 종숙님께서 누구를 회고하시는지, 이 글을 쓰실 때의 종숙님의 심중이 어떠하셨을지 마음이 닿자 그만 가슴이 답답해 왔다. 예기치 않게 훌쩍 떠나 이별을 고한 당신의 종제, 사촌 아우에 대한 원망과 회한을 어쩌시지 못해 그 비통하신 마음이 수필이 되어 화면을 채웠다. 통상적으로 하는 말처럼 몸도 마음도 약해진다는 높은 연세, 내년이면 희수가 되시는 어른에게 친혈육만큼이나 아끼던 사촌 아우에 부음이 얼마나 큰 충격이고 아픔이실까 눈앞이 흐려진다. 범인들의 시선으로는 두 분 종숙님 간의 우애를 가름할 수 없을 테지만 시집온 지 이십칠 년, 적지 않은 세월을 뵈어온 바로 감히 짐작 못 할 부분도 아니었다.

'비보'를 접한 건 이달 초하루, 음력 윤삼월 열하루 새벽이었다. 한밤중 혹은 이른 새벽에 울리는 전화벨은 수화기를 들기 전부터 이유 없는 두려움을 수반한다. 어쩌면 잘못 걸려온 전화이기를 바라는 소심한 마음이었지만 소식은, 너무도 건강하셨던 서울 큰댁 큰 종숙님께서 새벽에 돌아가셨다는 소식이었다. 칠순을 넘긴 연세가 믿기지 않을 정도로 너무도 멋지시고 너무도 건강하셨던 아제님께서 이승의 끈을 놓치시다니, 누구도 아무도 예상치 못했던 부음에 진정 하늘에서 마치 우레와 같은 소리가 들릴 듯 그것은 큰 충격이었다.

누구도 범접하기 어려울 만큼 귀골이시며, 옥골선풍이라는 수식어가 가장 잘 어울리시는 서울 종숙님, 항상 젊은 청년의 마음으로 후진들의 귀감이신 종숙님의 비보는 그야말로 청천벽력이 아닐 수 없었다. 이즈음의 종숙님께서는 윤달에 맞춰하기로 했던 선대 조부님 신도비를 세우는 대사를 준비를 하던 중이셨으며 그날 저녁에도 신도비에 새길 비문을 마치시고 잠자리에 드시던 중 갑작스러운 심장 이상으로 병원에 모셨지만 손쓸 여유도 없이 그렇게 황망히 돌아가셨다는 것이다. 일 년에 서너 차례, 더 자주 뵈어야 겨우 대 여섯 차례 뵐 뿐인 종숙질간이지만, 늘 소심한 성격 탓에 시댁 어른 대하기가 여간 어렵지 않았었다. 시집온 지 이십 년을 훌쩍 넘기고서야 제법 없던 변죽도 생겨나서 이제 겨우 집안 대소사에서 뵈면 한층 더 반갑게 다가갈 수 있었던 나로서도 큰 충격이 아닐 수 없었다.

장례식장에 문상 오신 집안 대소가 어른들의 침통하신 모습들, 이렇게 다들 한자리에 모이면 늘 좌중을 압도하시고 그 어떤 모임이든 모임에 격을 한층 더 높여주셨던 어른이셨지 않은가. 믿기지 않는 갑작스러운 부음을 듣고 달려온 이들의 어두운 얼굴을 뒤로하고 언제나 그러했듯 영정 속에 종숙님은 웃고 계시다. 곧 웃으면서 손을 잡아줄 듯도 하시고 우렁우렁하신 그 음성도 들릴 것만 같은데 영정 속의 종숙님은 묵묵부답 말씀이 없으시다. 이렇게 이미 우리와 종숙님과의 거리는 측정할 수 없을 만큼의 거리가 되어 그렇게 이별을 확인시킬 뿐이었다.

대구 종숙님의 메일 '별이 지다' 전문에는 돌아가신 큰댁 종숙님과의 남다른 우애를 애틋하게 그려내셨다. 경북 예천 작은 마을에서 두 분 다 유학을 가신 곳이 대구였다. 대구 종숙님은 대학 1년, 돌아가신 큰댁 종숙님은 대륜 고 1년, 고향을 떠나와 낯선 곳에서 함께 유학생활을 하시며 남다른 우애를 지니게 되셨으리라, 서로를 의지했을 수도 있지만 서로 꿈을 키우기 위한 시기와 경쟁심은 없으셨을까? 그러나 대구 종숙께서는 시종일관 사촌 아우의 인물됨과 학생회장을 하시는 등 공부와 서예에도 두각을 보이시던 일과 특히 많은 대중 앞에서 사회며 노래며 늘 남보다 출중하셨다는 말씀과 함께 언젠가 총동문회 자리에서 전 국회의장 이만섭 씨가 사회를 보시는 종숙님을 가리키시며 '대륜에도 저런 인재가 있었나.' 하시더라는 말씀을 인용하시며 아까운 동생을 잃었다고 비통해하신다.

아! 얼마나 마음이 아프실까? 그토록 아끼던 사촌 아우를 잃은 종숙님의 슬픔을 차마 헤량하기 어렵다. 어쩌면 태어나면서부터 혈연으로 시작되어, '유학'이라는 청년기를 함께 보내신 두 분, 이후 서울과 대구라는 거리를 두고 사촌 아우의 행보를 늘 지켜보시던 칠십 년 세월은 대구 종숙님께서 사촌 아우를 얼마나 사랑하시는지에 반증이다. 두 분 종숙님의 어릴 적 추억이 깃든 고향 산자락 양지의 유택, 낙동강 강변이 내려다보이는 아우의 '천년가옥' 앞에서 하염없이 우셨다는 말씀엔 나도 몰래 눈앞이 흐려졌다. 선산에 일이며 종중의 산적한 많은 일들을 그 자랑스러운 아우와 함께 의논하며 일 처리를 해 나가리라 꿈꾸었지만 종형의 애끓는 심사를 아시는지 모르시는지 야속한 아우는 홀로 먼 여행길을 떠나고 말았다.

수필의 말미, 아우를 보내는 배웅 길에서 당신의 남은 생애 동안 두 분이 함께 꿈꾸어오던 가문과 후손을 위한 사업들을 잘 마무리할 수 있도록 현몽을 해서라도 함께하자는 말씀과 언젠가 꼭 다시 만나자는 종숙님의 말씀은, 밤하늘에 반짝이는 별들만큼이나 아끼고 사랑하던 그 아우와 언제까지나 함께하고 싶었던 종숙님의 마음이 담겨있음이다. 범부로 살아오시면서 결코 범상치 않으셨던 서울 종숙님의 가시는 길이 아름다운 꽃길이었기를 기원드리며, 변변치 못한 '문우'에게 아픔과 그리움을 담담히 정리하시고 당신의 건재를 보여주신 대구 종숙님께도 안도와 함께 무한 감사의 마음이 일렁인다.

2012『포천문학』12집

*그곳에 가면

삶이 무겁게 느껴질 때가 있다. 공연히 우울해지고 자신감이 결여되어 자괴감에 빠질 때 나는 무력해진다. 많은 사람이 모여 크고 작은 사회를 이루고 사는 세상, 개개인의 특성도 성격도 제각각이니 무엇 하나 노설한 게 없다. 어쩌면 우리는 규정과 규제 속에 각자를 구속하며 살고 있는지도 모른다. 세상에 내몰려 무한 경쟁시대를 살아가면서 성공을 맛보기까지 우리는 많은 실패를 경험하고 살아간다. 원만하지도 외향적이지도 않은 성격과 사회 적응력도 포용력도 남보다 부족한 나는 내적 갈등과 스트레스에서 편안하지 못하다. 무뚝뚝한 경상도 남편과의 갈등 또한 그렇다. 작은 습관이나 행동하나, 무심한 듯 내뱉는 말 한마디에 상처받는 일도 부지기수다.

작은 땅덩어리, 불과 몇백 리 떨어져 성장했다는 것만으로 그토록 문화 환경 생활환경이 이토록 다를 수 있는 것인지 그런대로 아이들이 커 갈 때는 웃음이 떠나지 않았는데 세월이 갈수록 웃음도 대화도 반쯤은 잃어버리고 사는 것 같다. 그런 중에도 일 년에 몇 차례 남편의 고향을 다녀오면 거짓말처럼 서운함도 야속함도 희석되니 아이러니가 아닐 수 없다. 그렇다고 남편의 고향이 요즘 핫한 힐링을 위한 심신 휴양지인가? 아니, 오히려 그곳은 전형적인 농업지역일 뿐이다. 묵묵하게 주어진 삶을 위해 최선을 다하는 고향 분들을 뵙고 돌아오면 내 작은 고민이나 서러움쯤은 일시에 사라진다. 올곧은 농부의 마음으로 한 평의 땅도 소중하게 생각하시는 어른들을 뵈면 그간의 나를 돌아보는 성찰의 시간을 갖게 해주고 남편은 물론 나에게도 평화와 안식을 주는 내 마음의 고향이 되었다.

낙동강 주변을 끼고 작은 야산을 병풍으로 오십여 호의 그림같은 작은 마을이 남편 성姓 씨의 집성촌이다. 땀과 노력만으로 올곧게 농촌을 지키며 사는 자연을 닮은 분들의 고향 마을이다. 보통의 시골 마을이 그렇듯 어린아이 웃음도 울음도 아련한 전형적인 시골 농촌 마을이지만 그런 중에도 농사철이 돌아오면 신기하게도 생기가 돌고 활기가 넘친다. 그렇다고 자연이 언제나 농부들의 노력에 부응하는 것만은 아니다. 사상 최대의 올여름 가뭄 사태는 시댁 마을도 비껴가지 않아 올해의 마늘이며 양파 농사를 작파시켰다. 그럼에도 다행인 것은 우기를 거치지 않은 고추농사는 보상이라도 주려는 듯 작황이 좋았다. 탄저병이 비껴간 빛 고운 고추 수확으로 자손들 손에 쥐어줄 때깔 고운 고춧가루를 일일이 담고서 얼굴 가득 미소를 머금어 만안희소滿顔喜笑하시는 얼굴에서 무한 존경심이 일게 한다.

조금은 낯선 내 남자의 고향을 처음 찾던 날을 나는 어제 일처럼 기억한다. 예천 시외버스 정류장에 내려 비포장도로를 시내버스로 40여 분, 심한 덜컹거림으로 멀미를 야기해 안 그래도 시댁이 어려운 얼띤 새댁은 초주검이 되어 있었다. 그렇게 다다른 마을 어귀는 강변을 끼고 온종일 햇살이 드는 양지쪽 작은 마을 '매창'이 눈앞으로 들어온다. '이런 시골 동네가 다 있을까?' 했던 처음과는 달리 한번 두번 거듭될수록 정이 들어 투박한 듯 무심한 듯 던지는 경상도식 대화법에도 이젠 제법 익숙해졌다. 또 하나 놀랐던 건 촌 아낙들의 일상 대화였는데 뉘 집 아이가 어느 대학 무슨 과를 갔는데 그 대학은 어느 과에 적을 두면 성공할 것인가를 두고 설전을 펼치는 논쟁을 보며 익숙지 않은 낯섦이 있었다. 생각해 보니 그분들의 그런 교육열과 열정으로 이 작은 마을에서 박사를 셋이나 키워내고 공무원, 선생님, 기업가, 사회 곳곳에 필요한 많은 인재를 키워 내신 원동력이 아닐까도 생각해본다. 우애와 성실, 부지런함이 일생의 교육방침이셨던 분들의 고향, 그곳에 가면 욕망으로 가득한 나태한 껍질을 벗는다. 내가 그곳을 사랑하는 이유이기도 하다.

다행히도 고향 나들이에 겁먹던 시간은 그리 오래가지 않았다. 비포장 시골 길은 포장이 되었고 승객들을 널뛰듯 흔들어대던 버스도 미끄러지듯 고요해졌다. 구불구불 문경새재도 터널 공사 이후 점차 고속도로까지 연결되었고, 우리도 그사이 자가용족이 되어 고향 나들이가 용이하게 되었다. 그 긴 거리를 자다 깨고 자다 깨고 그렇게 지루함을 기다려 고향 언저리에 다다르면 아이들은 큰댁이 건너다보이는 다리에서부터 이미 가슴이 벅차오른다고 말해 큰아버지를 기쁘게 해드렸었다. 이젠 큰 시숙님도 이 세상 분이 아니시고 그 설레어 하던 아이는 언젠가부터 고향 나들이가 소원해졌다. 영원할 것 같은 모든 것들은 우리 바람대로 머무르지 않는다. 자연이 좋아 자연과 함께 사시던 분은 자연으로 돌아가고, 순수만이 가득했던 아이는 사회적 동물이 되어 학업과 취업 준비라는 과제에서 놓여날 수 없어 점점 고향과 멀어지고 있다. 이렇듯 삶의 표피만을 좇아 살아가는 현실은 우리가 꿈꾸는 이상과 현실이라는 삶의 거리가 얼마나 먼 가를 단적으로 말해주기도 한다.

그간, 어렵기만 하던 시댁 어른들도 예전과 달리 편안해지고 우직하리만치 부지런하고 진솔한 그분들의 삶은 어느새 내 마음의 고향이 되었다. 어떻게 살아야 잘 산다는 가르침은 부모님께도 선생님께도, 충분히 심어주셨다. 그러나 그럼에도, 살면서 경험하는 모순과 절망, 부조리하고 낯선 제도 앞에서 우리는 타협하지 않으면 안 되었다. 나만 올바르게 살면 된다는 의식은 낡은 교과서의 발췌 물이다. '법이 필요 없는 사람'이라는 수식어가 어느새 고루한 사람으로 비치는 시대, 그래서 생긴 신조어 '법 없이도 사는 사람들을 위해 만들어졌다는 법'은 돈과 권력 앞에서 또 무너지기 일쑤였다. 남의 사정 봐주다가, 혹은 좋은 마음으로 했던 일들이 날카로운 가시가 되어 나를 공격하기도 한다. 이런저런 염세적 상황 속에서도 나는 고향을 떠올리면 좋은 에너지를 얻고 힘을 얻는다.

남편의 어린 날 골목길을 누비며 뛰놀았다던 고향 마을엔 지금

연세 많으신 분들만 고향을 지키고 있다. 사상 유례없던 올 가뭄에도 봄여름 내 망친 농사보다 가뭄에도 잘 견딘 몇몇 작물의 알찬 수확만으로도 위로를 삼는 긍정적인 삶을 사는 사람들, 자연이 허락한 만큼만으로 만족하는 그 넉넉함이 나는 좋다. 남보다 더 잘 살고 싶고, 남보다 더 가지고 싶은 욕망으로 아등바등 살아가는 우리지만 욕심을 버리고 기대치를 낮춘다면 좀 더 여유로운 삶이 되지 않을까. 시댁 어른들의 굽은 허리, 주름진 얼굴에 맘도 아프고 속도 상하고 화살같이 빠른 세월도 야속타.

모든 것이 생경하고 낯설었던 처음이 있었다면, 사회적 동물로 현실의 노예가 되어가는 찌든 현실 속에서 시린 가슴 위로해주고 참 나를 가다듬게 해주는 소중한 내 마음의 고향인 것이다.

『포천문단 발자취』 2015

*고백

몰랐습니다. 그냥 모른 채 살았는지도 모릅니다. 통칭 유학이란 경제력이 뒷받침되는 사람들이 가는 것이라고 머릿속에 인식되어 있었으니까요. 어느 정도 경제적인 여력도 뒷받침되고 평범한 일반인보다 머리도 좋아 인류의 이바지하리라는 공명심과 더 나은 미래를 꿈꾸거나 하는 큰 뜻을 품고 떠나는 유학길이라고 믿었습니다. 부모님의 못다 이룬 꿈을 이루기 위해, 좀 더 큰 인물이 되어 사회 공헌하리라 고국산천 뒤로하고 유학길에 오른다고 다들 알고 있듯이 나도 그리 알고 있었습니다. 더구나 미국의 경우 아르바이트와 학업을 병행할 수 있는 최적의 환경으로만 여겼었는데 꼭 그런 것만은 아니었나 봅니다.

공부하러 미국을 다녀온 조카가 있습니다. 경북의 명문대를 나와 큰 뜻을 품고 미국 유학길에 올랐습니다. 공부하다 군에 다녀와 어느새 혼인적령기인지라 부모님 뜻을 저버리지 않고 양갓집 규수와 혼인하고 두 식구가 미국으로 떠난 지 일 년이 지나고 식구가 하나 늘었습니다. 이태쯤인가 지나고 꿈에 그리던 미생물학

계 박사 논문이 패스 되어 온 집안의 자랑인 박사가 됐습니다. 머잖아 모교 강단의 서게 될 것이며 곧 돌아온다고 했었습니다. 그러나 박사가 넘쳐난다는 말이 남의 얘기가 아닌 듯 그 조카는 미국에 발이 묶였습니다. 모교엔 전임 자리가 도통 나지를 않았던가 봅니다. 어렵게 공부하고 쓰일 곳이 없다는 건 참으로 슬픈 일입니다.

그러느라 또 이태쯤인가 지났습니다. 그사이 또 식구가 하나 늘어 네 식구가 됐고 네 식구가 버티고 살아오기가 얼마나 힘들었을 거라는 생각도 그때는 하지 못했습니다. 그리고 올여름 대전 대덕연구단지의 연구원으로 오게 되어 돌아왔다는 소식을 들었고 이번 추석 명절, 결혼식에서 딱 한 번 본 질부와 이미 훌쩍 큰 여식과 돌이 막 지난 어린 남아를 보니 육 년이 넘는 세월이 고스란히 엿보였습니다. 저만큼 자라도록 얼굴도 보지 못하고 자의 반 타의 반 미국에 발이 묶였던 조카 내외가 안쓰러운 느낌이 드는 건 어쩔 수 없는 일이었을까요? 그와 더불어 세상일의 밝지 못한 이 못난 고백을 늘어놓는 나 자신의 부끄러운 소치를 깨닫는 시간이었습니다.

시댁의 명절 풍경은 아직도 대소가 차례를 함께 모시는지라 다른 두 댁의 차례를 모시고 나서야 큰댁 차례라서 비교적 차례상 차림이 여유롭다. 두 분 형님과 큰댁 질부들 셋 그리고 작은 형님 댁에는 미국에서 돌아온 네 식구를 더해 다른 때보다 더 그득한 추석 명절이 되었다. 내가 나고 자란 경기도와는 달리 경상도 차례상에는 다듬고 차리고 할 일이 많다. 식구가 많으니 일도 나눠

서 하고 서로 그간의 안부를 나누면서 분위기가 무르익어 갈 즈음 자연스레 화제는 남편의 유학생활 뒷바라지를 한 둘째 형님댁의 질부를 통해 그간의 미국 생활에 대해 듣게 되었다. 낯설고 물 설은 그곳에서의 생활이 처음엔 얼마나 힘들었을까 게다가 지역의 특성상 무뚝뚝한 경상도 남자의 아내라니, 학교에서 돌아와도 실험실 생각만 하는지 도통 말이 없는 조카 때문에 수개월을 울며 지냈는데 정작 남편은 지금도 그랬던 사실을 모르고 있을 거라는 말에 다들 공감하면서 서로 다 겪었던 일이라고 한마디씩 거든다. 하지만 말도 통하지 않는 낯선 외국 땅에서 친구 하나 없이 시작된 질부의 미국 생활만 했을까 싶어 안타까움이 더해진다.

돌 지난 두 살배기 동생과 달리 딸아이는 키가 훌쩍 크고 긴 생머리의 조용조용한 성격까지 엄마를 쏙 빼닮은 아이에게 "영어 잘 하겠네 유치원 다니다 왔지?" 했더니 질부가 고개를 젓는다. 유치원은 돈이 없어 꿈도 못 꾸었고, 주위에 한인도 많지 않아 매일 엄마가 아이와 놀아주면서 기초적인 말하기 쓰기, 아이 눈높이에 맞는 상식 정도만을 교육했단다. 그러고 보니 작은 형님으로부터 미국에 돈 부쳤다는 얘기도, 그와 비슷한 얘기도 들은 바가 없었다. 조카는 아무래도 농사일로 잔뼈가 굵어지신 부모님께 기대지 않는 방법을 택해 경제적 원조 없이 미국 생활을 견뎌왔던 것 같다. 조카가 다녔다는 워싱턴 주립大 박사과정의 실험실 연구원에게 얼마만큼의 지원이 있었는지는 모르지만, 연구원생의 가족까지 부양할 만큼은 아니었을 것이다. 어쩌면 연구생 1인의 부대비용으로 네 식구가 쪼개고 쪼개서 그 시간을 견뎌 냈을지 모른다고 생각하자 문득 유학생활에 대해 아무것도 모르고 산 나 자신이 부끄러워 견딜 수가 없다. 그러자니 미국이 아무리 살기 좋은 나라인지 몰라도 역시나 허리띠를 졸라매고 살았어야 했을 것이다. 미국행의 맨 처음 시댁 친정의 가족 친지 지인이 쥐여준 여비가 얼마나 오래갔을까. 거기다 아이가 하나둘 태어나고 네 식구가 생활하기에 녹녹치 않았을 그림을 그려보는 것이다.

그 예상은 빗나가지 않았다. 전날에도 추석날에도 질부의 목에 두른 스카프가 맘에 걸려 묻지 않을 수 없었다. 아침저녁 기온 차가 나기는 해도 아직 꽁꽁 싸맬 계절은 아닌 것 같아 무심하게 혹시 목에 남다른 이상인가 싶어 묻자 갑상선기능항진증으로 목이 부어올라 스카프를 둘렀다는 것이다. 말도 안 통하는 낯선 곳에서 남편 뒷바라지에 두 아이 낳고 키우느라 더 많이 힘들고 외로웠을 질부, 모든 것이 서툰 외로운 이국땅 외로운 환경에 몸이 먼저 반응을 했었을 것이다. 아직 정밀검사를 받아봐야겠지만 수술이 불가피할 것 같다는 말에 내가 해줄 수 있는 말은 다 잘 될거라는 말밖에 할 수가 없었다.

풍요 속에 빈곤이라고 모든 넘쳐나는 것들 속에도 내가 가질 수 있는 것은 한정돼 있다. 그런 사실은 이미 풍요를 겪어왔던 젊은 친구들에게 부족함이란 가일층 더 힘겨웠을 것이다. 대부분 부모의 경제적 뒷받침 아래 전력을 다해 공부에 매진해야 할 공부를 조카는 먼 이국땅에서 일가를 이루고 학위도 쟁취하느라 남들보다 더 힘들었을 것이다. 그러나 다른 한편 어렵고 힘든 과정 속에 사랑하는 가족이 곁에 있다는 것만으로도 힘을 얻고 심리적 안정 속에서 이루어낸 결과였을 것이라고 생각한다. 평소의 선입견으로 유학파들은 모두 부모 덕에 편히 공부하다 온 사람들일 거라는 나의 편견과 경험해보지 못하고서 추측만으로 단정했던 나를 반성한다.

멀리 떨어져 있다는 핑계로 작은 관심 표명도 못 하고 살아온 그간의 시간이 미안하기만 하다. 그리고 조카에게 말해주고 싶다. 이역만리에서 고단함을 이겨냈으니 젊은 날의 시련은 다 지나갔노라고, 조카 부부와 귀여운 아이들, 그들 가족의 앞날에 건강과 평화가 언제까지나 함께 하기를 기원하고 또 응원해 본다.

2007. 9. 중추절 소회

*화환은 정중히 사양합니다

화사한 봄날, 주말의 일상은 어김없이 결혼식 다니기의 연속이다. 농경사회를 벗어난 지 오래, 계절과 관계없이 일 년 내내 시즌이 따로 없지만 그래도 사계절 중에 봄은 온전한 결혼식의 계절인 것 같다. 내게도 장성한 아이들이 있어서인지 점점 결혼에 이르기까지 신랑 신부 두 사람만의 스토리에 관심이 가지만 예전과는 달라진 결혼식 문화를 접할 때도 관심이 가는 것이다. 이즈음 결혼식 풍속도인지 두어 번의 주례자 없는 결혼식을 보았었다. 아주 오래전, 긴장으로 경직된 채 주례 앞에 서 있었던 기억을 더듬어보면 당시 주례 선생님의 좋은 말씀은 하나도 기억되지 않는다. 막연하게 양가 부모님께 효도하고 두 사람은 서로 어떻게 존중해주며 잘 살아야 한다는 말씀이었을 것이라고 그리 유추할 뿐이다.

얼마 전, 화사한 봄날에 신랑 부모의 지인으로 다녀온 수원의 한 결혼식에서의 일이다. 결혼식이 시작되면서 나는 이미 예기치 않은 작은 것으로부터 감동받기 시작했다. 최대한 멋지고 당당하게 꾸며진 새신랑이 입장 대기 자리에 섰다. 서른을 넘긴 나이라고는 믿기지 않을 정도로 앳되고 사랑스러운 모습의 신랑이다. 드디어 신랑 입장, 새신랑은 두어 발 앞으로 내딛더니 양가 하객 쪽에 마음을 담은 정중한 인사를 하는 것이다. 많은 결혼식을 다녀보아도 이제껏 이렇게 정중한 신랑을 보았었던가 하는 찰나의 감동은 '친구네가 정말 아들을 반듯하게 잘 키웠구나.'하는 믿음을 갖기에 충분했다. 자주는 아니어도 어릴 때부터 새신랑을 보아왔기에 더 뿌듯하고 더 대견했는지도 모른다.

주례자 없는 결혼식의 신랑 신부 두 사람이 하는 사랑의 서약, 뒤이어 자신을 두 사람의 아버지라고 소개하는 신랑 측 혼주인 친구의 남편은 두 사람에게 성혼선언을 해주고 한가족이 되어 살아가는데 믿음과 사랑과 서로에게 존중과 배려로서 탄탄한 가정을 이루리라고 아버지로, 인생의 선배로 덕담을 건넨다. 또 딸 가진 사람이 아니어도 덩달아 코끝을 찡하게 하는 신부 어머니의 딸을 향한 사랑의 편지가 이어진다. 시종 끈길 듯 이어지는 신부 어머니의 떨리는 음성은 멀리 부산과 수원의 거리만큼 서운함은 배가 되었을 것이다. 이제껏 결혼 문화가 바뀌었어도 딸을 시집보내는 어머니의 마음은 시대 불문, 세대 불문 변하지 않는 것인지 친정어머니의 애틋함이 전해져 코끝이 찡해온다.

그리고 두 번째 감동의 시간, 신랑 아버님께서 축가 순서를 준비하셨다는 사회자의 말에 여기저기서 술렁인다. 지금껏 올곧은 공직자의 모습만 보여 오던 혼주는 놀랍게도 정말 자리에서 일어나 색소폰을 들고 악보 거치대 위치 조정을 하고 색소폰을 매만진다. 그리고 연주에 앞선 또 하나의 감동은 아내에 대한 고마움을 전하는 친구 남편의 모습이었다. 공직자로 사회인으로 바깥세상에 치중하는 동안 아내가 아들을 참 잘 키워주어 고맙다고, 오늘이 지나면 못할 것 같다는 부언을 곁들인 인사는 정말 아름다움의 극치였다. 감동은 거기에 그치지 않아 축가 연주 솜씨 또한 하객들의 환호와 박수갈채를 받기에 충분했다. '유익종의 사랑하는 그대에게'라는 곡이었는데 프로들처럼 기교를 부리거나 현란하지는 않았지만 깔끔한 연주였다. 함께 참석한 친구가 몇 달 뒤 자기 아들 결혼식에서도 꼭 연주해달라는 부탁에도 그러마고 흔쾌히 대답하는 두 사람의 말이 전혀 허언이 아님을 나는 안다.

그날에 감동의 시작은 어쩌면 초대장을 받으면서부터 시작이었는지도 모른다. 시류에 따라 받게 된 모바일 청첩장이지만 결혼식 초대의 글 말미의 '화환은 정중히 사양합니다.'라는 짧은 문구 하나에 그날의 결혼식은 이미 훌륭하게 기획되었던 것으로 나는 이미 생각했다. 양가 가족 친지, 그리고 정말 모르고 지나가면 서운할 것 같은 지인들만이 참석한 인상적인 결혼식이었다. 참석한 모든 이에게 인상적인 훌륭한 결혼식이었음은 두말할 것도 없다.

어디를 가나 모두 획일적인 결혼식이다. 그러나 친구는 획일적인 결혼식을 탈피해 그들만의 결혼식을 연출했다. 다른 결혼식에서처럼 신랑 친구들의 짓궂은 장난도 없었고, 이벤트 대신 두 사람의 인연이 깊어가던 오랜 교제 기간이 영상으로 제작되어 하객들을 미소짓게 했다, 그날의 결혼식도 매양 똑같은 결혼식이 되었을지 모르지만 그네들은 호화 결혼식을 거부했다. 현명하고 지혜로운 그 친구는 남편의 사회적 지위나 자신들에 그간의 인맥들을 동원하는 세속적인 결혼식을 지향하지 않았다. 지금껏 살아온 방식대로 공직자로서의 귀감이 되는 소박하고 인상적인 훌륭한 결혼식이었다고 감히 단언할 수 있다. 그런 훌륭한 부모 밑에 성장했으니 자녀의 됨됨이도 미루어 알 수 있다. 더불어 세상에서 가장 아름다웠던 두 사람의 앞날도 사랑과 행복만이 가득하리라고 믿고 또 믿는다.

2014. 『포천문학』 16집

*벌써
그리워진다

긴 겨울에서 깨어나던 대지가
해토될 무렵부터
집채만 한 덤프트럭이 그 동산을 실어 나르기 시작했다.
언제부터인가
야금야금 베어져 나간 푸름은
민둥산이 되고
그 곱다란 황토를 끝없이, 끝없이 내어주고 있었다.
그 동산에
둥지를 틀고 살던 까치는
한순간 정든 보금자리를 잃었고
다시 집을 지을 키 큰 나무도
산열매와 풀벌레
지천이던 먹이들 모두 잃고 방황했다.
한여름
그 까치는
정든 동산 그 아래
어느 농가 옥수수밭에 앉아
하릴없이 옥수수를 쪼아대고 있었다.[2]

---

2. 포천문학 12집(2010)필자의 졸시 〈까치〉의 전문

'우려'라는 단어의 뉘앙스는 어떤 것에 뒤따르는 자연 발생적인 나쁜 조짐으로 생겨나는 근심·걱정을 말한다. 문득 몇 해 전 이곳 문학지에 기고했던 작품, 졸시 '까치'가 떠오른다. 그때의 집 잃은 까치의 신세와 내 처지가 같다는 착잡함이 있었지만 그래도 '설마'했던 마음을 돌이켜보면, 시 행정이나 도시계획을 꿰고 있어 안심했던 것은 아니었다. 그렇기에 '구리 포천 간 고속도로' 건설에 우리 집이 수용된다는 것을 듣고서도 먼 시일에나 있을 법한 남의 얘기라고 치부했었는지도 모른다.

30년 세월, 내 두 아이들과 함께 커가던 내 가정, 우리 가족의 역사가 고스란하게 배어 있고 그리하여 내게는 그냥 주거만을 위한 건축물이 아닌, 내 어머니의 품속 같은 내 집과의 이별을 '누군가' 종용한다는 것에 아주 심사가 고약해지고 알 수 없는 설움이 목까지 차올랐다. 눈 감고도 그릴 수 있는 작은 마을, 늦은 밤 버스정류장에 내려 집으로 오는 길도 무서운 줄 모르고 다니던 곳이다. 그러나 지금 나는 아주 가까운 사람으로부터 조금씩 배척을 당하는 느낌처럼 뭔가 손해를 본다는 느낌과 그들의 요구에 순응해야 하는 나약함이 또 서글프다. 이런 속내를 모르는 지인들의 관심들도 모두 열없이 부담스럽고 목에 걸린 가시처럼 껄끄럽기만 하다.

온전한 농경 지역이었던 이곳에, 서울 도심으로부터 밀려나온 작은 규모의 제조업과 섬유 단지 등 산업시설이 유입되면서 조용하기만 했던 작은 지역이 빠르게 도시화하고 있었다. 이는 또 교통량의 증가로 이어져 더 넓은 도로의 신설이 당연시되었고, 그렇게 산업도로 확장과 도로의 신설이 반복되어 왔다. 그러나 그도 어느 시점을 지나면 막힘 현상이 반복되어 최단 거리, 최단 시간을 고려한 새로운 노선의 도로가 시급하다고 목소리들을 높여왔던 것도 사실이다.

이런 일련의 변화는 언제부터일까? 온전한 농경 지역이었던 이곳에 급속히 번져나가기 시작한 산업화, 그러면서 시작된 인구증가는 곳곳에 아파트 단지가 형성되고 시가지 확장에 역점을 두게 되었다. 어쩌면 그때부터 시 외곽인 우리 동네에 아파트 단지를 조성한다는 업자들이 들고나던 일들이 빈번했는지 모른다. 하지만 근동에 군사시설물 때문에 번번이 와해되고 무산되기를 반복해왔던 것을 알고 있었기 때문에 새로운 도로 건설에 대한 소문도 당연하게 기획과 무산으로 귀결지었는지도 모른다. 그러나 2014년에 들어서면서 '구리 포천 간 고속도로' 건설이 가시화되고 급기야 지난가을부터 보상수순을 밟고 있는 지경이 되고 보니 몇 해 전 집 잃은 까치와 같은 내 처지의 쓴웃음이 났다.

도대체 누구를 위한 도로 증설인가. 인간의 최적 조건에 맞는 배산임수는 아니더라도 오랜 시간 이웃을 형성하고 마을을 이루며 살아온 사람들에게 토지보상과 건물값을 산출해서 지급하는 수순만으로는 그들에게 위로가 되지 않는다. 적법한 절차에 의해 보상이 이루어진다고 그들은 단언하겠지만 보상가가 얼마이든 누군가에게는 온전한 삶의 터전이거나 혹은 일부이거나 하는 것들에 임의적인 가치를 정하고 논할 수 없는 일 아닌가. 도시계획, 도로 건설계획이라는 대의명분과 모두를 위한 공익사업이라는 감언으로 회유하니 소중한 내 것을 내어주고도 쫓겨나가는 듯 한 속내를 감출 수 없다. 국가 혹은 지방 사업에 대해 개개인이 그들이 하는 일을 무산시키거나 저지하려는 것은 아니다. 그럴만한 여력도 힘도 없지만 그들에게는 보상액의 대가를 바라는 제스처쯤으로만 보일 뿐 그 어떤 효력도 발생할 리 만무하지 않은가.

이 동네에서만 벌써 30년 세월이다. 작은집과 뜰 앞에 텃밭, 눈 감고도 동네 구석구석 다 그릴 수 있을 만큼의 세월을 송두리째 잃는다는 기분을 어떻게 표현할 수 있을까. 애들 자라는 모습 하나하나에 울고 웃으며 살림 일궈가며 살아온 20년 세월을 뒤로하고, 11년 전 백년대계를 꿈꾸며 상앗빛 도는 노란 벽돌로 2층집을 지었다. 우리 부부가 열심히 살아온 흔적이기에 우리 부부를 아는 모든 분들이 함께 기뻐해 주었지만 겨우 11년을 살았을 뿐이다. 그간 앞산을 내 정원처럼 확 트인 시야에 전원생활만 해왔는데 새로운 이웃을 만나고 잘 적응해 나아갈 것에 우려도 적지 않다. 작은 것에 만족하고 소박한 꿈을 가진 소시민으로 산다는 것이 이렇게 어려운 것일까. 설사, 더 나은 환경이 기다리고 있다고 해도 온전하게 반갑지만은 않은 것이 솔직한 심정이다.

'띠링 띠링' 자동차 네비게이터의 제한속도 경종에 운전자는 말한다.

"아니, 길을 이렇게 잘 뚫어놓고 80이 뭐야!"

얼마 전 친정 동생의 차를 탔을 때 본 정경이다. 그런 동생이 늘 입버릇처럼 하던 말이 또 아이러니하다.

"큰일이야 사방 거미줄처럼 맨 도로만 자꾸 만들어 대면 나중에는 대체 어디서 흙을 밟고 살라는 건지…"

도로 위에 운전자로서 동생의 말과 아름다운 금수강산의 훼손을 안타까이 생각하는 동생의 말이 다 가슴에 와 닿아 끄덕이다가 일관성 없는 오누이구나 혼자 웃는다.

언제인가부터 다른 사람에 뒤질세라 자동차를 소유하고, 더 비싸고 좋은 차를 갖기를 희망한다. 차종에 따라 인격을 재는 척도가 되는 것도 모두 인간이 만든 편견이다. 그렇게 넘쳐나는 차와 인간의 질주본능은 새 도로의 필요성을 역설케 한다. 인간의 행복추구권에 의해 발전된 현상들은 그렇게 하나를 얻기 위해서 다른 하나를 포기해야 하는 아이러니가 발생하지만 사람들은 잃는다는 것에 별 의미를 두지 않고 다만 얻는 것의 치중하는 어리석음을 반복한다.

아이들의 커가는 모습과 함께 키워가던 우리의 꿈, 헤어질 날을 받아놓은 연인처럼 가슴이 아려온다. 새로이 얻어지는 것과 우리의 소중한 추억의 소산들을 손익계산으로 산출할 수는 없다. 다지고 다져온 세월에 퇴적층같이 많은 날들, 비록 그 생활의 전반에 걸친 것이 행복과는 무관한 것이었다 해도 추억하면 모두 그리운 날들 아닌가.

2015. 『에세이문예』 봄호, 2015. 『포천문학』

*밥

사람들은 서로 친해지기 위해서 함께 밥을 먹는다. 그래서인지 만나고 헤어질 때 나누는 인사도 '다음에 차 한잔해요.'라는 말보다 '언제 밥 한 번 먹읍시다.'라는 말이 훨씬 더 깊이 있고 정감있게 들린다. 그것이 '언제' 혹은 '다음에'라는 불확실적인 단어를 존재했음에도 '밥 한 번'의 의미는 의례적인 인사이면서도 상대방에게 좀 더 인간적인 인상을 주게 된다. 지금도 건네는 예스러운 인사 "식사 하셨어요?"라는 인사가 촌스럽다거나 가난했던 지난 세월의 흔적이라고 치부한대도 우리에게 '밥'의 의미는 아직도 따듯함과 정겨움이 내포된 우리만의 정서임을 확인할 수 있다.

인간의 가장 원초적 서러움의 최상위 배고픔, 그 주림을 다스려주는 음식은 이제 단순한 허기를 달래주는 음식 개념을 넘어 식문화를 바꿔놓을 만큼 발전의 발전을 거듭해왔다. 밥이 보약이고 약이 되는 식단을 만들고 인류의 평균수명을 연장시켜왔다. '얼마나 오래 사는가.' 보다 '얼마나 건강하게 잘 먹고 잘 살아가는가.'

하는 명제가 그것이다. 그렇다면 우리는 이제 배고픈 시대를 완전히 벗어난 걸까? 각각의 산지産地가 다른 다양한 이름의 먹을거리가 넘쳐나는 현실에도 지구 반대편에서는 아직도 기아에 허덕이는 많은 아이가 있다. 멀리 보지 않아도 아직도 우리 곁에는 따듯한 밥 한 끼가 아쉬운 이웃이 존재한다.

어느 시대이건 그늘진 곳은 언제나 있었으며 그 격차는 더욱 심화될 것을 예측할 수 있다. 거기다 가족의 해체 등 시대적인 현상으로 생겨나는 홀로 어르신을 비롯한 1인 가구와 학교와 직장 등 자연 발생적인 젊은 독립 세대들까지 더해 온전한 집 밥의 의미는 더욱 요원하기만 하다. 함께 먹어야 더 맛있는 '엄마 밥'을 포기하게 만드는 바쁜 현실 상황은 시간과 조리과정을 축약시켜주는 간편식을 선호하게 만들고 이 같은 젊은 세대들이 늘어갈수록 집 밥의 의미가 점점 퇴색되는 안타까운 현상이 늘어간다.

우리가 늘 보는 방송에도 흐름이 있는 것 같다. 공중파건 아니건, 언젠가부터 매시간 화려한 음식이 화면을 가득 채우고 시청자의 시선을 빼앗고 현혹시킨다. 각 지역의 특성을 살린 향토음식을 소개하기도 하고, 15분이라는 빠른 시간 안에 요리를 만드는 미션을 두고 경쟁을 하기도 한다. 그런가 하면 '집 밥'이라는 캐치프레이즈 아래 내 집 냉장고 안에 있을 법한 식재료를 가지고 뚝딱뚝딱 음식을 만들어내기도 한다. 하나의 메인 식재료를 가지고 두세 가지 응용방법의 팁까지, 아닌 말로 어렵고 진귀한 음식은 전문 식당을 찾으면 될 일 아닌가. 시장에서 막 사온 것 같은 일반적인 재료를 가지고 준비부터 다듬고 데치고 손 굼뜬 남자 패널들을 대상으로 강의하듯, 실습하듯 손쉽게 만들어낸다. 부엌일이 서툰 사람들까지도 요리에 선뜻 다가설 수 있게 해주는가 하면 여성 전용 공간이었던 우리네 주방 살림이 어느새 남자들의 놀이터가 되어간다는 인상을 받는 부분이다.

그 음식 맛의 결정체가 프로를 진행하는 셰프의 과도한 설탕의 맛이라며 부정적인 잣대를 들이대지만 다른 한편 요리의 소질이 없던 젊은 주부들이나 혼자 생활하는 자취남들의 자신감을 증폭시켜 전폭적인 지지를 받는다. 우리 생활 깊숙이 자리한 외식外食과 매식買食 문화를 우려하던 차에 누구든 조금만 노력하면 얼마든지 맛있는 '집 밥'을 먹을 수 있다는 희망을 준다는 것의 더 큰 방점을 두는 부분이다. 우리에게 배고픔만 면하면 소원이 없던 시절이 불과 얼마나 되었고 우리네 식탁에서 진수성찬 차려진 밥상이 언제부터였나, 인간의 가장 우수한 기능이 망각 기능이라고는 하지만 우리는 지난 시절을 너무 빨리 잊어버리는 경향이 있다. 그래서일까 지난날의 보상심리가 밑바닥의 깔린 듯 외식문화의 급증과 거대 음식문화의 급속한 발달이 못내 안타까운 심정이기도 하다.

어릴 적 기억을 더듬어 보면 아버지를 찾아오시는 손님께는 밥상보다 가벼운 약주상이 먼저 나가곤 했는데, 지금처럼 차茶 문화가 생겨나기 전이라서 그랬을 것이다. 혹 내방객의 볼일이 길어지고 지체될 경우 '밥'을 대접하게 되는데 시내에서 떨어진 시골 동네의 갑작스러운 손님 접대는 어머니를 난감하게 했을 것이다. 한겨울을 제외하고는 텃밭에서 나는 야채도 요긴했겠지만 요행 멸치나 황태, 김, 미역 등 마른 건어물은 냉장고 유무의 관계없이 보관이 용이했다. 단 하나 지리적 조건이 좋지 않은 내륙인지라 생선 구경은 쉽지 않았다. 유독 입이 짧았던 오라버니나 동생은 주기적으로 다녀가시는 생선 장사 아주머니를 기다리기도 하고, 연중 수차례 돌아오는 크고 작은 제사를 기다리기도 했다.

들기름의 고소한 냄새가 집안을 휘감고 소당을 뒤집어놓고 작은 어머니가 부쳐내던 예전 식의 육적, 어적, 소적을 비롯한 각종 전유어, 또 삼색 나무새와 과일 등 연중 수차례 제수 장만 하느라 허리가 휜다는 '큰집'의 선영봉사先塋奉祀를 다른 측면에서 오히려 부러워하는 지차 집도 있었으니 현재 상황과는 정말 상이한 현상이 아닐 수 없다. 제사는 보통 자시子時(밤 11~새벽 1시)에 모시고 소지燒紙가 끝나면 후손들의 음복이 이어진다. 이때 아래윗집의 이웃을 깨우거나 다음날 아침에 청해서 아침밥과 제사 음식을 함께 나눈다. 농업 혁신이 일어나고 다수확 품종이 생겨나면서 식량 사정이 좋아졌지만 나누는 것이 생활화된 집성촌에서의 양속良俗은 비교적 오래도록 그래 왔었다.

어제 친구네 개업을 축하하러 갔었습니다. 오랜 직장생활을 접고 취미를 살려 예쁜 꽃집을 개업하는 친구네 가게에 개업을 축하하는 친구들이 많이 와 주었습니다. 오랜만에 보는 얼굴도 있지만 늘 이런 일에 빠지지 않는 친구들이 함께 자리를 했습니다. 맛있는 떡은 물론 우리네 잔칫집에서 보는 갖가지 음식들이 있었습니다. 친구 어머님의 솜씨는 본래 소문난 솜씨랍니다. 음식도 맛있고 좋은 친구들과 함께 있으니 더 좋았습니다.

그들 중에 서울 친구는 멋진 남편이 동행을 했습니다. 얼굴도 예쁘고 궂은일 좋은 일에 항상 얼굴을 보이는 그 친구가 너무 예뻐 보이는 어젯밤이었습니다. 준비된 음식과 약간의 음주로는 성이 안 찼던가 봅니다. 낟알을 못 먹었으니 2차는 꼭 밥을 먹고 가야 한다고 고집스레 밥을 찾는 그 친구가 너무 예뻐서 꼭 안아주고 싶었습니다. 요즘 밥을 대신할 많은 먹을거리를 뒤로하고 고집스레 밥을 찾는 친구가 왠지 더 고맙고 사랑스러운 건 내가 농부의 딸이었었고, 농부의 아내이고 지금도 이렇게 황금으로 변해가는 들녘을 바라보며 살고 있는 농부의 마음이기 때문입니다.[3]

습작기 블로그를 훑어보다가 십 년이나 지난 수다 한 꼭지에 마음이 쏠렸다. 서울 친구의 깜찍한 밥 타령에 그만 다들 배를 잡고 웃던 상황이 떠올랐다. 온갖 식자재, 먹을거리가 넘쳐나는 세상, 가까운 편의점에만 가도 하얀 밥에 5찬 도시락은 기본, 각종 고명과 소를 채운 김밥과 유사한 먹을거리가 넘쳐나는 게 현실이지만 불과 반세기 만에 경제 대국으로 성장해온 우리에게는 아픈 시절인 '보릿고개'가 있었다. 3년간의 긴 남북전쟁의 잿더미 위에서 재건을 위해 노력하고 애써왔던 과정을 전혀 모르는 세대들은 쌀이 없어 밥을 못 먹었다는 기성세대를 향해 "라면 끓여 먹으면 될 걸 왜?"라고 했다는 말은 차마 코미디의 한 대사일 거라고 믿고 싶다. 그런 재건의 노력 뒤에 만들어진 오늘, 온갖 역경을 딛고 숨 가쁘게 달려온 세월이었음을 모르는 세대, 앞선 기성인들이 이뤄

3. 네이버 삐뚤이(필자) 블로그 습작기(너무나 예쁩니다. 농부의 마음입니다.) 중에서

놓은 반석 위에서 풍요와 자유를 만끽하는 세대가 어쩌면 몹시 부럽기도 하다.

오늘날, 우리의 젊은이들이 간편한 외국 식문화에 길들여지는 것이 안타깝지만 그 아이들도 시간이 지나면 분명 우리 음식을 찾게 되리라 믿는다. 세대를 아우르는 자장면이 우리 입맛에 최적화되기까지의 시간과 해외 여러 브랜드의 정착으로 우리 아이들이 패스트푸드의 열광하는 시간이 급격하게 짧아졌음을 알 수 있다. 젊은 세대의 식문화를 바꿔 놓은 햄버거나 커피 마니아의 급증도 이젠 더 이상 놀랍지도 않다. 하지만 중성지방과 트랜스지방의 축적으로 비만과의 전쟁을 선포한 서구인들이 우리 비빔밥과 김치를 비롯한 각종 장류의 발효 과정과 효과에 대해 주목하고 높은 관심을 보인다. 이렇듯, 우리의 한식 문화가 세계인의 주목을 받기 시작했으니 딱히 억울해할 것도 손해날 것도 없다. 그러나 나라 밖에서 우리의 식문화를 보는 긍정적 시선에도 불구하고 우리 아이들은 이미 깊숙이 자리한 외래 식문화를 쉽게 걸러내지도 등을 돌리지 못하는 현실이 안타깝기만 하다.

어릴 적 어머니의 경쾌한 도마 소리를 들으며 어머니의 따듯한 밥상을 기다렸듯이 우리가 가꾼 안심 먹을거리, 우리의 밥상은 그 자체만으로도 힘이요, 생명이요, 사랑이라고 믿어왔었다. 풍요와 이 시대의 넘치는 많은 먹을거리 앞에 이제 우리는 선조들의 혜안을 따라 단출하고 가벼운 밥상을 추구해야 할 때가 온 것 같다. 문득 작은 단층집에서의 추억이 그리워진다. 들고나기가 용이함 때문인지 무시로 드나들던 동기 간들이나 가까운 지인들과의 소박한 밥상을 마주하고 밥 정을 쌓았던 시절, 자잘하지만 따듯했던 추억을 뒤로하고 주거지가 한 층 한 층 올라감의 따라 우리의 밥상이 점점 외로워졌다. 내 가족만을 위한 밥상을 차리는 날이 다반사가 되고 가족 같던 이웃도 멀어졌다. 비로소 느끼는 삭막한 현실 세계 앞에 그래도 나는 동생을 만나면 촌스럽게 물을 것이다. '얘, 밥은 먹었니?'

2015. 9

*준비 태세

매스컴에 영향인지 이젠 백세시대라는 단어가 전혀 낯설지 않다. 기상이변과 급변하는 발전은 적지 않은 환경적 요인을 발생시킨다. 이는, 이름도 불분명한 병명이 생겨나기도 하고 급성전염병화되어 비상사태 선포와 대책 강구 마련에 부심하고 또 노력해서 어떻게든 원인을 찾고 위기를 넘긴다. 암을 정복할 날이 멀지 않다는 이야기가 기정사실이 되는 날도 멀지 않다고들 한다. 이런저런 연유로 한 친구가 몇 년 전부터 '앞으로 오십 년을 어떻게 더 노니' 장탄식을 하곤 했었다. 물론 그녀는 놀던 사람이 아닌, 복층 80여 평 저택을 빈짝빈짝 살림을 살던 베테랑 주부다. 그럼에도 그런 말을 하는 것은 그녀의 막내아들이 올해 대학생이 된 것과 무관하지 않다. 더 이상 그녀의 손길이 필요하지 않은 가족들, 그야말로 남는 게 시간뿐인 중년 주부에게 생긴 새로운 고민인 것이다.

'백 세 운운'하는 그녀의 말이 아주 농담이 아닌 것이, 주위에서 팔순·구순의 어르신을 뵙는 것도 그리 어렵지 않고, 간혹 장례식장을 다녀올 일이 있을 때도 갑작스러운 부음 외에 자연사하시는 분은 팔, 구십 노인들이다. 이미 사회문제화되고 있는 고령화는 앞으로 십 년 후엔 인구의 20%가 65세 이상이라는 초고령사회를 예견하고 있다. 언젠가부터 '자녀가 부모를 모시고 있는가.'를 논할 수 없고, 또 그럴 경우에도 부모님의 노인성 질환의 유무에 따라 위로를 건네기도 응원을 보내기도 한다. 부모도 자식도 모두 행복하게 사는 길은, '얼마나 오래 사는가.' 보다 '얼마나 건강하게 살다 가느냐.' 혹은 '언제까지 행복하게 일할 수 있는가.' 하는 명제를 떠올리게 한다. 사람은 땀 흘리며 일할 때 가장 아름다우며 자신감도 돋보이기 때문이다.

경제적 어려움 없이 여행을 즐기는 것이 행복한 노년의 최고 모델이라면 일 년 내내 여행을 할 것인가, 아니면 작은 소일거리로 살아가는 재미와 함께 자신의 존재가치를 확인하며 살 것인가, 입버릇처럼 '반백년을 어찌 놀까?' 걱정이던 친구는 벌써 일 년째 작은 카페를 운영하고 있다. 입에 붙지 않는 여러 종류의 커피 이름과 만드는 방법도 복잡 다양한 것에 애를 먹던 그녀는, 이젠 제법 바리스타 다운 면모를 갖춰간다. 중·고등학생들이 좋아하는 과일주스 팥빙수를 만들고, 오피스빌딩에서 쏟아져 나온 여러 부류의 고객을 상대로 그녀는 커피를 내린다. 그 커피 향에 이끌려 찾아드는 새댁들과 어린아이와 눈을 맞추면서 하나둘 자신의 스토리를 만들어 간다. 반짝반짝 윤기 나게 살림을 살던 '너른 저택의 사모님'은 이제 커피 전문 카페 여주인의 모습으로 거듭났다. 친구들 아무도 그녀의 변신을 예측하지 못했었다.

그와 비슷한 친구가 또 있다. 결혼 전에는 준공무원 생활을 했던 그녀는 결혼과 함께 남편의 사업 뒷바라지만 하던 소위 '사모님'이었다. 그런 그녀가 번잡하지 않은 작은 찜질방 내 스낵코너를 맡아보는 비정규직 아르바이트를 시작했다. 그녀의 본래 성격답게 싹싹하고 붙임성 좋은 장점은 '오래 같이 일했으면 좋겠다.'는 오너의 한마디로 대변된다. 젊은 실업인구가 좀체 줄지 않는 사회현상과도 무관하지 않아 중년의 일자리를 구하기란 결코 쉽지 않다. 그렇더라도 찜질방 스낵코너는 그녀를 조금은 망설이고 머뭇거리게 했을 것이다. 그럼에도 그녀가 그 일을 택한 것은 '무료와 나태'에서 벗어나 '일하는 즐거움'으로 생기를 찾겠다는 것으로 해석된다.

"오래 같이 일하자는 오너의 말이 좋은 걸까 나쁜 걸까?"

수수께끼처럼 던지는 그녀의 말에 무조건 좋은 징후라고 덕담을 해줬던 기억이다.

주위를 둘러보면 이미 노년을 대비하고 준비하는 친구들은 벌써부터 있었다. 정년을 다 못 채운 조퇴, 명퇴자가 늘어나고 한창 일할 나이에 일자리를 잃고 방황하거나 창업을 했다가 바닥까지 내려간 사람도 보았다. 할 일을 찾지 못하고 미친 듯이 산만 오르거나 새로운 취미에 빠지는 사람도 보았다. 갑자기 맞게 되는 명예퇴직을 대비해 공인중개사 시험으로 전혀 다른 직업군을 경험하고 사는 친구도 있지만 늦게 사업 길로 접어들어 보란 듯이 성공한 오랜 깨복장이 친구도 있다. 경제활동과 건강, 두 마리 토끼를 쫓기도 하고 느림의 미학을 즐기겠다고 자연으로 돌아가는 친구도 있다. 모두 노년을 대비하는 우리 중년들에 각각의 모습이다.

언제나 그랬다. 아무리 빨리 새벽을 맞아도 어김없이 길에는 사람들이 있었다. 남들이 아직 꿈속을 헤맬 거라 생각했지만 언제나 그랬듯, 세상은 나보다 빠르다.

전 직장인의 리얼 공감 드라마 '미생'의 명대사 중 일부이다. 새벽은 하루를 준비하는 시간이다. 설사 남들이 깨어있는 아침 시간에도 꿈속을 헤매다 늦은 아침을 맞는 이에게도 신체 리듬의 따라 충전 중일 테니 그것 역시도 하루를 준비하는 또 다른 과정이 아닐까. 그렇게 부지런하게 이른 하루를 준비하는 이들도, 늦은 아침을 맞는 이들에게도 모두의 하루는 중요하다. 그들 모두는 또 남은 잉여시간도 자기계발을 위해 노력하고 투자를 아끼지 않는 미래지향적 삶을 추구하며 발전해 나아간다.

어떤 난관이 닥쳐왔을 때 우왕좌왕 갈팡질팡하기보다 철저한 준비로 인생을 준비하고 맞는다면 실수를 최소화할 수 있을 것이다. 더불어 미래를 위한 투자는 단연코 긍정적 사고와 건강한 정신. 그리고 하나 덧붙인다면 적당한 긴장과 적당한 노동으로 건강을 다잡고 유지하는 노력이 있어야 하지 않을까. 경제력과 돈의 위력이 아무리 크다 해도 인생의 참의미와 행복의 가치는 물질만으로 논할 수 없다. 내 의지와는 상관없이 삶의 이끌리고 시류에 맡겨져 살아가는 현실, 그렇게 우리는 참의미는 잃어버리고 너무 삶의 표피만을 좇고 살아가고 있는지도 모르겠다.

우리에게 평탄치 않은 삶이 펼쳐진다 해도 그것이 통과의례라면 피하기보다 맞서고 헤쳐나아가야 하지 않을까. 설혹 성공에 문턱에서 좌절을 맛본다 한들 최선의 노력으로 맞서 봤다면 다시 한 번 도전해볼 용기를 내 볼 수 있지 않을까. 우리가 현실에 만족하고 그 자리에 안주했었다면 지금 인류의 발전이 지금과 같지는 않았으리라.

남들보다 먼저 출발선에 서서 남은 인생의 절반을 위한 준비 자세를 마친 그녀들, 그들은 건강이 허락하는 한, 아니 더 열심히 건강 관리해서 오래도록 자기 일을 하고 싶다는 희망을 이야기한다. 그들은 이미 나를 앞질러 노년을 위한 준비를 마친 셈이다. 이제 내가 그 출발선 앞에서 마음을 다잡을 때가 된 것 같다.

2015. 『한국수필』 12월호, 『2015 경기문학』, 『포천문단 발자취』 2015

*제게 마음 밭이 그리 깨끗다 하시니

뜨거운 한낮을 피해 집을 나설 준비를 한다. 겨울 코트를 넣을 조금 큰 쇼핑백을 찾아 오래전 결혼 예복이었던 수박색 코트를 밀어 넣는다. 이미 입지 않은 지도 오래되었지만 의미 있는 옷이라 버리지도 못하고 옷장 구석을 차지하다가 그것도 물려서 정리함 박스에 있던 걸 이참에 리폼을 해 볼 요량으로 꺼내 든 것이다. 새로 산 재킷과 바짓단의 수선을 하기 위해 챙겨 넣고 잠시 비장한 각오라도 한 듯 『에세이문예』 가을 호의 앞장을 열어 '아름다운 두 분 언제나 행복하시고 건강하시길 기원합니다.'라는 짧은 문구를 쓰고 베이지색 서류봉투에 담아 쇼핑백 안쪽에 갈무리하고 길을 나섰다.

"우리 선생님은 웨딩드레스에 무스탕, 모피까지 못 하는 게 없어." 리폼 가게 사장님을 두고 하는 그 부인의 말이다. 주변이 온통 각종 메이커 아웃렛 매장이다 보니 수선 가게도 많다. 직업의 특성상 새 옷의 줄이거나 늘이는 작업만 하시는 게 아니라 헌 옷을 새 옷처럼 리폼을 하기도 하고, 또 취향이 독특한 사람들의 특수한 요구나 남학생들의 멋내기용 바지통의 변신을 위해 찾는 곳이기도 하다. 그래서 더 서민들의 친구 같은 가게 안은 늘 바쁘다. 긴 기간 직장 가까운 곳의 단골로 드나들던 곳이 개인 사정으로 장기간 문을 닫게 되는 바람에 이곳으로 옮긴 지 일 년 남짓하니 단골이라는 말도 어색하다. 그러나 시간과 횟수의 관계없이 남편의 사투리를 닮은 안주인의 사투리와 친정동생 대하듯 언제나 웃음으로 반기는 특유의 친화력 때문에 더 가까워졌다. 간혹. 바쁜 일이 있어 아들애를 보낼 때에도 안부를 챙겨 물으신다는 아이들의 전언에도 그분의 얼굴과 목소리가 떠오른다.

서울에서의 오랜 생활을 접고 두 분의 노후 소일로 리폼을 택해 포천에 자리 잡으신 지 오래지 않지만 가게 풍경은 주변의 상설매장들로 인해 언제나 바쁘다. 7~80년대 영화배우를 떠올리는 외모의 은발이 멋지신 사장님은 부인의 말대로 리폼 솜씨가 입소문이 난 것인지 늘 바쁘게 일하신다. 이곳에 오시기까지 서울의 양복점도, 부인의 사업체도 다 접고 내려오신 지 얼마 되지 않지만 특유의 친화력 때문인지 멀리서도 찾는 이가 많아졌다고 하신다. 부인의 처음 인상은 재독 닥종이 인형작가이며 『아이를 잘 만드는 여자』의 작가 김영희 씨와 흡사해 카리스마도 인상도 조금은 강해 보이지만, 한 번 두 번 만남이 더해지고 갈수록 끌리는 이유는 마치 상담을 하듯 작은 이야기도 잘 들어주고 다정하게 고객을 대하는 모습에 더 정감이 가서 좋았는지도 모른다.

리폼은 대개가 표준 사이즈가 맞지 않는 작은 체형이거나 작은 키나 마른 몸을 위한 줄이거나 늘리는 작업 외에 체형의 변화를 겪은 사람들과 유행은 지나고 버리기는 너무 아까운 옷, 가방 등의 변신을 위해 차선책으로 찾는 곳이다. 특히 여자들에게는 유행이 지났다거나 체형의 변화가 있어 맞지 않는 것이라도 차마 버리지 못하는 옷들을 가지고 있게 마련이다. 그렇다고 계절이 지나고 유행이 지나버렸다고 다 버릴 수는 없어 리폼을 해서라도 가지고 싶은 마음은 알뜰하고 안 하고의 문제가 아니다. 그 옷의 담긴 작은 이야기까지도 소중한 여자들만의 특수성 때문일 거라고 생각해본다.

두 분의 평소 모습은 보기 좋은 그림이다. 언젠가 손이 많이 가는 일거리를 가져온 고객으로 인해 사장님의 미간이 좁아졌다. 난감한 상황이지만 부인의 기지가 빛난다. 고객의 반응도 살피고 남편의 눈치도 보며 양쪽을 다 아우르는 부인의 조율 솜씨로 사장님도 수긍하고 고객도 만족하게 하는 절충 솜씨가 돋보였다. 나도 오늘은 옛날 코트를 가져온 참이니 사장님의 반응이 걱정인데 벌써 "그래 이렇게 의미 있는 옷은 못 버린다. 리폼해서 오래 입으면 더 좋지." 하고 내 편이 되어 맞춤집 가봉하듯 꼼꼼하게 앞뒤로 체크하시는 통에 기분이 한결 가벼워진다. 그렇게 사회 선배처럼 친한언니처럼 늘 살가운 마음으로 챙겨주시기에 용기를 내어 책을 가져온 참이었다. 부끄러워하며 책을 꺼내 보이는 내게 "엄마야! 야 보레, 니 내 책 좋아하는 거 우예 알고." 기어가는 목소리로 신인상 코너를 가리키고 원판 불변의 법칙 내 사진을 가리키자 "그래~ 내가, 니 뭔가 다를 줄 알았데이. 네 마음밭이 그리 깨끗하니…" 나를 꼭 끌어안으며 하시는 말씀이다.

가족들로부터도 환영받지 못하는 나의 취미 생활, 습작기 친구들의 응원의 힘입어 미비한 상태로 세상 밖에 나온 나, 어정쩡한 일련의 시간이 주마등처럼 스친다. 나의 습작기가 끝난 것은 아니다. 더 노력하고 공부하고 발전시켜야 할 기점이라고 생각하고 또 그리해 나갈 것이다. 이런 내게, 이렇게까지 응원을 하는 친구가 있었던가? 내게 섣부른 격려도 충고도 아끼는 가까운 지인들과는 달리 나에게 많은 생각을 하게 만드는 이 말씀 하나로 나는 더 부끄러워진다. 이 나이 되도록 세속의 때가 묻지 않았을 리 만무하고, 혼탁한 이 세상을 살아오며 어찌 흙탕물 안 튀고 살아왔겠는가. '네 마음 밭이 깨끗하다' 하시는 말씀은 어쩌면 내면 어딘가에 감추어진 나의 허영심과 부질없는 욕망을 거울 속 들여다보는 듯 하고 책망하는 건 아닐까. 그렇다면 이건 나를 위한 질책의 목소리요 회초리다.

옛 선인의 말씀 중에 '스승은 도처에 있다.'고 했다. 부끄럽게도 나는 채 다듬어지지 않은 미숙한 글솜씨를 보이려고 책 한 권을 내밀고 막 걸음마를 떼기 시작한 사람이다. 그런 내게 삶의 지표를 만들어주고 평생 마음 밭 정갈히게 가꾸고 순수를 잃지 밀고 살아가라고, 그리 살아가라고 내게 건넨 일침이 아니었을까. 공연히 혼자 들뜨고 혼자 감격했던 시간들을 되짚어 평상심을 찾아야 할 것 같다. 내게 듣기 좋은 감언이 아닌 가르침을 위한 채찍이라는 것도 잊지 말아야 할 것이다.

2008.『에세이문예』 겨울호

4부

가을 스케치
초하의 노래
고래와 초심
멈춰버린 시간
그날·1
그날·2
언 발을 녹이며
조표자가
사랑나무집

*영문 번역
The conclusion of argument
*서평
이운순의 수필 세계

내가 이렇듯 시골 풍광을 가슴속에 담은 듯, 눈에 보이는 듯, 이리 선연하게 떠올릴 수 있는 것은, 농부의 딸이었고 농부의 아내로 시집을 갔으니 적지 않은 세월을 흙과 함께 살아왔기 때문이다. 시대에 순응하고 사느라 남편의 직업도 변했다. 그러나 내가 농부의 딸이었던 사실도, 농부의 아내였던 사실도 모두 변할 수 없는 진실이다. 철없던 어린 날, 내 눈에 비친 부모님은 늘 농사일에 묻혀 사셨다. 큰 욕심 없이 하늘이 허락한 만큼, 두 분 땀 흘린 만큼만 기대하시는 부모님을 이해하고 사랑하기까지 긴 시간이 걸렸다. 넉넉지 않은 생활 속에 선비이기를 포기하시고 농부가 되신 아버지 어머니, 고된 삶 속에서 묵묵하게 살아오신 두 분은 이제 내 곁에 계시지 않는다. 추억 속에 부모님이 그리워 눈을 감아보아도 유년의 어느 한 곳을 떠올려도 부모님 얼굴은 안갯속 같다. 기억의 쇠퇴가 당연시되는 시간, 흘러간 세월이 못내 안타깝기만 하다.

이 가을은 또, 비행하는 잠자리에 날개를 꺾는다. 농약 살포가 많아지고, 환경이 변화하여 개체 수가 많이 줄어들긴 했지만 그들은 고향 어디쯤, 유년의 기억 어디쯤에서 나를 마중 나와 그리움으로 서성인다. 붉은 고추잠자리며 말잠자리가 늦여름부터 어김없이 찾아와 우리의 머리 위를 선회한다. 뎅그런 눈망울 두 개, 낡고 성근 모시 조각 같은 날개를 가지고 가을 햇살을 즐기고 들녘 파수꾼 허수아비와 친구 하던 잠자리, 작은 몸속 어디에 저 힘찬 날갯짓에 원천이 숨어있을까, 자연의 조화로움이 새삼 신비롭다. 때론 반짝이는 은어의 유영보다 더 우아하게 노닐고 잠시 머무는가 하면 또다시 검불보다 가벼이 티끌처럼 날아올라 인간을 조롱하는 잠자리 떼를 본다.

불과 얼마 전까지만 해도 파란 가을 하늘 위를 선회하던 생명체, 고추잠자리가 오늘은 핏기 하나 없는 무생물이 되어 나뒹군다. 아니 어쩌면 잠자리는 처음부터 생명체 같지 않은 신비함을 지닌 곤충일지도 모른다. 구석진 곳마다 나뒹구는 그들의 사체를 볼 때면 성충으로 가는 몸부림 변태變態의 흔적을 상상하곤 한다. 짧은 가을날이 안타까워 우리 머리 위를 선회하던 놈들, 새털보다 가벼운 존재감으로 창공을 부유하며 떠돌다 침잠하듯 스미는 계절 속에 흐르는 시간 속에 어느새 그 몸 땅에 구른다. 꽃잎이 떨어지듯 스산한 바람 거스를 수 없는 시간은 그렇게 또 다른 이별을 낳는다.

어릴 적 그것은 신비함의 극치였다. 작은 농가 앞마당에 날아와 작은 꼬맹이에 관심을 끌기에 충분했다. 작은 날갯소리 없이 날아와 마루에 벗어놓은 아버지의 맥고모자에, 어머니의 빨랫줄 바지랑대에, 화단 국화꽃 위에 앉아 작은 실랑이를 벌인다. 어느새 잠자리는 작은 꼬맹이의 그 느림을, 그 서툰 포획을 즐기고 놀려댄다.

"얘, 잠자리가 널 잡겠다."

마루 끝에 어머니가 아이를 어르시면 그 아이는 더욱 애가 타 발소리를 죽이고 숨을 참느라 볼이며 제 가슴이며 더욱 부풀어진다. 대체 소리 없이 다가가도 놈 작은 머리, 어디에 눈이 있고 어디에 귀가 있는지 포획자의 근접을 잘도 알고 피해 날아간다. 어쩌면 피해 주는 것이 오히려 어린 포획자로부터 자신을 보호하는 것일지도 모른다. 어린 포획자에게 잡혀봐야 그 어미를 졸라 긴 바느질실에 꽁지를 묶어 날아가려면 줄을 당기고 달아나려면 또 줄을 당기는 신세가 될 테니 그편이 나을지도 모른다. 그렇게 포획자의 사정거리를 벗어나면 좋을 것을 그 잠자리 잠시 한눈팔다가 포획자에게 잡혀서 기어이 어린 것의 노리개가 된다. 아이도 지치고 잠자리도 지칠 쯤 제 꽁지를 자르고 날아가는 잠자리로 인해 아이가 울먹인다. 아이는 잠시 놀다 풀어주려고 했었는지도 모른다. 어린것의 맘도 모르고 그렇게 제 살 뚝 떼어내고 날아간 잠자리가 야속해 잠자리가 날아간 빈 실 꾸러미를 바라보던 그 아이도 이내 사라진다.

여기저기 널브러진 잠자리의 사체는 추락한 비행기에 잔해처럼 안타깝고 쓸쓸하게 만든다. 계절은 이렇게 자연 만물을 제자리로 다시 돌려보내고 또다시 되돌아오는 윤회의 연속이다. 불과 수일 전만 해도 붉은 고추잠자리들의 비행을 보았지만, 어느 사이 쓸쓸한 이 계절의 뒤안길에서 생을 다하고 처참한 모습으로 우리 앞에 뒹군다. 그러나 분명한 건 내년 여름, 또 그다음 여름에도 그들은 또 다른 개체로 우리의 머리 위를 날 것이다. 더 이상의 자연 훼손도 없고 더 이상의 무관심도 없는 언제까지나 인간과 함께 살아가는 생명체이기를 간절하게 바라본다.

2012.『경기문학』수록작「가을 데생」

*초하의 노래

망종을 앞둔 요 며칠, 한낮의 들리는 반가운 뻐꾸기 소리가 마치 드라마 속 음향효과처럼 청아하다. 여름이 오는 소리여서 새삼 반갑고 신기하다. 언제나 이맘때면 계절의 변화를 알리는 자연의 소리가 있다. 우리가 어릴 때 부르던 동요에는 뻐꾸기 소리가 봄이 오는 것도 봄이 가고 여름이 오는 것도 뻐꾸기가 알려준다고 했다. 그렇게 뻐꾸기는 초하初夏를 노래했고 또, 머지않아 달아오른 대지를 식혀주는 소나기의 여름이 오는 것을 알려주었었다. 그렇게 한바탕 비를 뿌리고 산꼭대기로 쫓겨 가는 구름을 바라보는 것도 한여름의 볼민한 풍경이었다. 오늘같이 비가 내린 날이면 개구리의 합창 소리가 짧은 여름밤을 뒤흔들어대곤 했었다.

그들이 왔다

사방 거미줄 같은 도로를 비켜내고

단단한 콘크리트 숲을 피해

잘도, 잘도 찾아왔다.

겨울잠인들 편했을까

예까지 오는 길

어렵고 험난하진 않았을까

모든 역경 이겨내고

우리 곁으로 돌아와

유월의 청량한 밤공기를 흔든다.

선물 받은 아이마냥

그저 반갑고 고맙다.

그나마라도 남아있는

몇 안 되는 논배미가 고맙고

얼마 안 되는 논배미에 찾아든

그들이 또 고맙다.

그리고

논배미 멀지 않은 곳에

내 집 있으니

이보다 더 좋을 게 무엔가.[4]

---

4. 2012『포천문학』內『그들이 왔다』詩전문

신록의 봄이 지나면서 여름 내내 들리는 개구리울음소리는 한밤에 더 청아하게 들린다. 그 소리가 좋아 늦은 밤까지 창문에 붙어 서서 그들의 합주를 듣고는 했었다. 모든 자연 만물은 어쩌면 그렇게도 계절을 잘도 아는지 용케도 섭리를 거스르지도 비켜가지도 않는다. 이른 봄 새싹이 움트고 꽃샘추위를 이겨낸 키다리 목련을 시작으로 개나리, 진달래, 철쭉, 많은 꽃들이 앞을 다퉈 피고 오월의 여왕 장미까지 화려한 자태를 뽐낼 즈음이면 아카시아는 벌을 불러 모으는 향기를 뿜어댄다. 모든 산야가 짙은 초록으로 부풀어 오르기 시작하면 뻐꾸기 소리, 개구리 합창이 장관을 이룬다. 산업화되어가는 지역의 특성 때문에 자연의 소리가 점점 멀어져 못내 아쉬운 나는 확실한 옛날 사람인가 보다.

급속하게 변하는 고속성장은 이 지역의 농경지를 몰라보게 잠식해갔다. 대도시에서 밀려난 중소기업들이 하나둘 유입됐고 그의 편승한 인구증가는 아파트 건설과 시가지 확장으로 이어진다. 내 어린 날의 추억이 어린 곳, 눈 감으면 떠오르는 고향은 적당히 높은 산과 너른 들판, 비가 오면 비가 오는 대로, 눈이 오면 또 눈이 오는 대로 내 고향이라서 좋았다. 비를 맞아도 걱정이 없던 맑고 깨끗한 환경이 이젠 비 예보에 산성 농도를 주목하고, 뿌연 황사의 유무를 지나 외출을 삼가라는 심각성 예보를 전하는 시대가 되었다. 더 풍족하고 더 편리해진 삶의 대가로 우리는 고향을 잃고 추억을 잃어버렸다.

추억이 사라지는 것은 슬프다. 생활 전반의 걸친 환경 변화는 발전으로부터 비롯되었으니 그리 애틋하지 않더라도 살아가며 때로 그립지 아니할까. 아침 단잠을 깨우던 제비의 지저귐도, 꾀꼬리 종달새의 노래도 언제 들어 보았는지 요원하기만 하다. 계절의 도돌이표는 또 얼마나 신기한가. 꽃샘추위가 비껴가는 봄이면 남녘의 매화를 시작으로 새색시의 웨딩드레스 같은 목련, 보랏빛의 라일락, 개나리, 진달래, 온 산을 다홍색으로 물들이는 철쭉이며 향기의 으뜸 아카시아와 장미로 정점을 찍으면 드디어 여름을 맞는다. 이 여름의 수순 또한 얽히지 않게 우리에게 다가온다. 한여름밤에 더 청아한 개구리의 울음소리, 그 개구리의 울음을 따라 벌판은 초록으로 물들었고 하루가 다르게 자라는 벼를 보며 행복해하던 농부들이 있었다.

포장도로를 벗어나 한적한 개울가를 걸어보면 많은 야생초와 야생화를 만난다. 쑥부쟁이며 물망초 달개비 달맞이꽃 강아지풀 가을에 제 빛을 발하는 억새에 이르기까지 언제 내가 저들에게 관심이라도 가져 보았었나 싶은 작고 앙증맞은 꽃들을 만나면 저들에게 내리는 가랑비도 어여쁘다. 또, 둑길가 향기 주범은 보랏빛의 작은 칡꽃이다. 주저리주저리 덩굴 따라 매달려 향기를 뿜는 것을 발견한 지 그리 오래지 않다. 그 잎 새 위에 비라도 한차례 뿌리는 날이면 산 중턱 위로 쫓기는 구름을 보는 것도 물안개 속에 핀 무지개를 보며 환호했던 기억도 아스라이 멀게만 느껴진다. 함초롬히 이슬 머금은 대자연의 아름다운 자태도 예전에는 모르고 지나쳤던 새로운 발견이다.

옛날 음식을 찾게 되고 어릴 적 옛 친구가 그리워지면, 중년이 되어가는 것이라고 누군가는 정의했다. 수구지심首丘之心, 수구초심首丘初心이라는 고사와 연결 지어보면 너무나 확연하다. 나고 자랄 때 듣고 보던 자연의 소리, 자연의 향기, 아무도 심지 않고 가꾸지 않아도 바람과 시간과 자연이 함께 만들어주던 야생화가 좋아지는 것도 자연스럽게 늙어가는 것이리라. 한여름이 개구리, 뻐꾸기 소리로 깊어갔다면, 풀벌레 우는 가을이 도래할 날도 멀지 않다. 하늘이 깊어지는 날, 산등성이의 단풍이 내 집 골목 가로수를 물들이는 날은 가을이 깊었다는 것이다. 초하의 두드러진 녹음을 만끽하다 보니 마음은 또 어느새 여름을 벗어나 가을을 더 듬는다.

2008.『한국에세이』 창간호

*고래와 초심

검소와 검약이 몸에 밴 내 남편에게는 남과 다른 두 가지의 취미가 있다. 첫 번째는 다른 사람의 귀 파주기이다. 틈만 나면 다 큰아들애를 자기 무릎에 눕히고 귀를 파는 데 귓속 이물질이 많이 나올수록 희열을 느낀다니 남다를 수밖에… 2, 3년에 한 번 칠백 리 밖, 고향의 노모가 올라오시면 자주 오시기 먼 거리라서 두어 달 묵어가시는데 그럴 때마다 그야말로 진풍경이 벌어진다.

어머님의 귀 파드리기가 시작되면 나와 작은아이는 손전등을 들고서 벌 아닌 벌을 서게 된다. 어머님의 묵은 이물질을 제거할 때면 더욱 신나 하는 남편에게 손전등 똑바로 조준 못 한다고 핀잔도 듣고 팔이 아프도록 벌을 서지만 애들에겐 어른을 공경하는 산교육이 되는 것 같아 내심 남편에게 고맙기도 하다.

그런 남편의 또 하나의 취미는 두 아이 이발해주기이다. 애들이 커가면서 이발소나 미장원 가기를 희망하지만 남편은 몹시 바쁠 때를 제외하곤 이제껏 자신의 취미생활을 고수했었다. 신학기가 지난 지 얼마 지나지 않은 지난달 중순 얘기다. 여느 때와 같이 남편은 이발을 하자고 바람을 잡고 두 아이에 반응은 심드렁했다. 특히 올해 고등학생이 된 큰아이는 노골적으로 난색을 표했다. 그런 아이들에게 이발비를 주면서까지 이발을 마친 남편에게 내가 그만, "애들이 그토록 싫다는데 그 취미생활 그대로 해야 하는가. 아무리 수년 동안 갈고닦은 솜씨지만 국가시험 패스한 이발사나 미용사만 같은가."라고 하자 화가 난 남편은 이발 기구들을 챙겨서 내다 버린다고 밖으로 나갔다. 순간 나는 미안한 마음에 "내가 이다음에 우리 늙어지면 당신 머리 다듬어줄게. 내 버리지 마!" 했지만 남편은 그냥 밖으로 나가버렸다.

그로부터 며칠 뒤 나는 보았다. 현관 밖 신발장 서랍 속에 들어있는 남편의 이발 도구들을…[5]

'칭찬은 고래도 춤추게 한다고 했던가.' 2002년 4월 24일 자 동아일보 13면 [독자일기] 난에서 내 이름, 석 자와 함께 짧은 단문이 실린 적이 있다. 당시 통화하던 담당자의 "따듯한 수필 한편 읽을 것 같았어요."라는 칭찬 한마디에 마치 신춘문예라도 당선된 양 며칠을 가슴 설레었는지 모른다. 그렇다고 내 숫기로 떠들고 자랑도 못 하고 가족끼리 신문을 들여다보고 신기해하던 날이 있었을 뿐이다. 벌써 십수 년이 훌쩍 지나버린 이야기다.

어린 시절을 더듬어보면 가족이나 주위 분들로부터 작은 칭찬도 들어본 기억이 없다. 그런 사정은 학교에서도 별반 다르지 않아, 있는 듯 없는 듯 존재감 미미한 아이였지만 유독 노래할 때나

---

5. 2002년 4월 26일자 동아일보 13면 독자일기 〈남편의 이발기구〉 전문.

작문 시간만은 꼭 선생님의 지적을 받아내고 시선을 끌었던 기억이다. 자기계발의 꿈보다 연로하신 부모님 슬하에 처녀 농군 같은 시절을 보내야 했던 시기를 지나, 늦은 결혼을 하고 출산과 육아, 아이들이 커갈 때까지만 해도 나는 그저 평범한 주부였다. 그러나 늘 가슴 한구석 채워지지 않는 작은 옹이가 있어 늘 무언가를 갈구하면서 그렇게 또 많은 시간이 무의미하게 흘렀다. 그 무의미하던 어느 날 세상에 태어나 왔다 간 흔적을 남기는 방법으로 나는 동아일보 지면을 택했다. 조용했던 아이의 새로운 모습을 보았다고 응원하는 친구들이 있어 습작기의 작은 힘이 되고 용기가 되어주었다.

나도 안다. 이제는 알 것도 같다. 아주 예전, 나들이 다녀오셔서 마루 끝에 걸터앉아 버선을 벗으시다 말곤 "뒷간 같아도 내 집이 최고지!" 하시던 내 어머니의 그 말씀은 아무리 부자 친척 댁이나 흉허물 없는 친정을 다녀오셔서도 늘 집에 들어서시면 똑같은 말씀이시다.

우리 집, 그래 봐야 안방 작은방 대청마루 부엌이며 이곳저곳 다 해봐야 십 여간 안팎인 시골 작은집이 무에 그리 좋을까만 그래도 그 작은 집엔 늙으신 내 아버지와 위로 일찍이 출가한 딸들 밑으로 고만고만하게 자라던 우리 삼 남매가 있었기 때문이리라. 쇠잔 하신 근력 탓에 일찍 일손을 놓으신 내 아버지가 대청마루에 누우셔 시조를 읊으시고, 두 분 늦은 연세에 보신 우리 어린 우리 삼 남매의 존재만으로도 두 분의 삶의 원천이셨을 그때 어머니의 "뒷간 같아도 내 집이 최고지!" 하시던 말씀은 지금 생각하니 아버지에 대한 어머니의 사랑 표현 방식이었던 것 같다.

선비이셨던, 그러나 평생 농부로 살아오신 내 아버지, 넉넉지 않은 살림살이 때문일까 두 분은 종종 다투기도 하셨는데, 비교적 굴곡이 많은 아버지의 삶 때문일까 철들 무렵부터 난 아버지를 연민했었다. 또 내 어머니는 남들에겐 살갑지만 내 집 식구에겐 냉정하기만 하셨기에 언제나 난 아버지 편이었던 것 같다. 그러나 냉정하기만 했던 내 어머니를 이해하게 된 사건은 다름 아닌 아버지의 갑작스러운 부음 때문이었다.

병환 나신 지 불과 열흘 만에 그냥 홀연히 가신 내 아버지, 그때 내 나이 스물셋, 난 나이에 비해 철도 덜 든 상태였으며 상상할 수도 없던 갑작스러운 부음에 나는 충격에서 헤어나지를 못했다. 아버지께 해드리고 싶은 게 너무 많았는데 아버지는 그럴 기회조차 주시지 않았다. 하늘이 무너지는 것 같았고 시간이 정지된 듯 멈춰버린 것 같은 마음에 방바닥에 머리를 찧으며 울기만 했다. 그런 나를 누군가 뒤에서 꼭 끌어안고 만류하는 손길에 돌아보니 하염없이 쏟아지는 눈물로 소리 없이 흐느끼는 내 어머니가 있었다. 그렇게 난 엄하고 냉정하기만 했던 내 어머니를 다 용서했다. 생각해 보니 자주 다투시기는 하셨어도 아버지를 존중하고 공경하시는 것에 소홀함이 없었고, 없는 살림이었지만 어머니에게는 언제나 아버지가 먼저였으니까. 사랑 없이 우리가 어떻게 태어날 수도 없었겠지만 두 분이 서로 은애했다는 것에 이의가 없을 테니까.

살아가면서 때때로 어머니는 아버지를 추억하시며 옛날얘기를 하셨다. 아버지가 글방 도령일 때에 이웃집 처녀가 창호지 문에 구멍을 뚫어 잘 익은 앵두알을 하나하나 떨어트리더라는 … "그래두 느이 아버진 글쎄 수줍어서 그랬는지 모른척하고 글만 읽었다는구나." 젊은 날 한때 두 분은 서로 이런 이야기도 하셨구나하는 맘에 배시시 웃음이 난다. 늘 엄하기만 하셨던 아버지가 글방 도령 시절이 있었다는 것도, 이런 이야기를 주고받던 두 분의 다정했던 한때도 추억 속에 한 페이지가 되어 버렸다.

또 내게는 어릴 때 듣던 농요가 있었다. 논매기를 하며 부르던 농요 같은데 어머니 말씀으로는 그 농요를 아버지만큼 잘 부르는 분이 없었단다. 유감스럽게도 근력 약하신 탓에 일손을 일찍 놓으셔서 그 훌륭했던 아버지의 농요 소리를 듣지 못한 게 못내 아쉽다. 더불어 어머니의 그 말씀으로 미루어 조금은 젊은 날, 아버지의 그 멋진 노랫소리에 가슴 설레며 아버지를 기다리셨을 어머니가 그려지기도 한다. 두 분도 한때는 그렇게 재미있게 사실 때가 있었겠구나. 이런 별스럽지 않은 일상도, 작은 사건도 추억으로 앨범을 채우고 또 언젠가는 조각조각 작은 편린들을 주워 모아 다시 가슴을 설레게 할 것이다.

그래, 나도 안다. 이젠 알 것도 같다. 여느 가정이든 겉으로 보이는 게 다가 아니라는 것도, 나도 이십여 년이 넘는 결혼 생활을 하고 보니 진정 화기애애하고 행복한 날이 얼마나 됐을까 싶다. 어쩌면 티격태격하는 그 속에서 가족 간에 정도 더 두터워지고 크고 작은 일들을 함께 견디고 이겨내며 가족 간에 결속이 다져진다는 것도 이젠 나도 알 것만 같다. 평소 무심하기만 한 남편도 점점 자라서 곧 둥지를 떠나게 될 우리 아이들도 새삼 더 소중하고 건강한 오늘을 살고 있음을 감사하게 생각하지 않을 수 없다. 이미 우리 곁에 계시지 않는 부모님을 추억하며 진정한 가족애를 되짚어 보는 이 시간 또한 부모님께 감사한 일이 아닐까.[6]

나 자신이 많이 부족한 글인 줄 알면서도 덥석 받아들인 등단,

6. 2008년 에세이문예 가을호. 신인상 당선작 〈나도 안다〉전문

시간은 누가 떠밀기라도 하는지 빠르게 흘러 벌써 8년이라는 세월이 흘렀다. 당선 소감에서 나는 엉뚱하게도 교수님, 심사위원께는 인사도 변변히 못 하고 이제껏 무병처럼 글 쓰고 싶은 욕망에 아파했노라고 토로했었다. 오래전 가신 아버지와 당시, 그해 봄, 먼 길을 떠나신 어머니의 이야기를 쓰고 싶은 날이면 코가 매워오고 눈물이 차오른다는 말과 함께 말미에는 보이지 않는 나만의 세계에 빠져있는 자신을 돌아보고, 옹골차게 마음을 다잡겠노라 각오를 피력하기도 했다. 감상에 젖은 그 날, 일상이 수필이며 수필은 곧 나의 숙명과 같다던 나, 그리고 지금의 나는 어떤 모습으로 살고 있는지 나 자신에게 가끔 질문을 던진다.

당시 "작품보다 당선 소감이 더 좋았다."라고 하던 지인은 나의 진정성을 보았던 걸까. 그러나 지금 나는 꿈을 위해 어떤 노력을 하고 있는지 무엇을 하고 어디에 서 있는지 가끔은 길(초심)을 잃고 낯선 곳에 서 있는 느낌이다. 지금쯤이면 한 단계 더 도약하고 '나'가 아닌 '우리' 이웃과 사회, 그리고 환경과 생태에도 관심을 기울여야 할 즈음인 것을 알지만 실현 여부는 아직도 불투명하다. 순수한 어린아이같이 작은 칭찬에 도취했던 그날의 '춤추던 고래'와 절절했던 그날의 '초심'을 잃고 방황하는 '반거들충이'가 되어가는 건 아닌지 당시의 내가 아닌 지금의 나에게 다시 한 번 물음표를 던져본다. '너는 지금 네 꿈을 위해 어떤 노력을 하고 있는가.'를.

–포천문예대학(2013) 동인 수록작

*멈춰버린 시간

비어있는 한쪽 가슴을 채워주시던 선생님이 계시다. 블로그 전체가 선생님의 자작 시와 자작 수필로 가득 채워진 공간, 초로의 인생과 삶이 세월에 그대로 녹아있는 특유에 문체가 좋고 별다른 미사여구 없는 담백함이 좋아 어디에 사는 누군지도 모르면서 어느 사이 연세에 맞춰 '선생님'이라 호칭하고 따르게 된 지 수년째다. 비록 인터넷상이요 보이지 않는 곳이라지만 계절이 바뀌거나 해가 바뀌면 인사를 드려야 할 만큼의 친분이라고 자부할 즈음, 선생님의 블로그에 빨간불이 켜졌다. 지난해 초겨울, 마당 섶에 솥단지 걸고 무청 시래기 삶는 날의 정경을 끝으로 선생님의 일상은 정지된 상태, 정지된 화면 그대로인 것이다.

화면 저 너머 선생님 신변에 무슨 일이 일어나고 있는 것일까? 걱정하는 마음과는 달리 내가 알고 있는 것이라고는 고작 당뇨합병증으로 고생하시는 아내를 위해 공기 좋고 환경 좋은 곳에서의 노후를 보내신다는 것, 지방 도심에서 그리 멀지 않은 곳에 전원생활을 하시며 작은 소도시에 설계사무실을 운영하시는 것을 미루어서 아직 경제활동을 하신다는 것과 1남 1녀를 두셨다는 것, 이것도 작품 속에서 알게 된 극히 단면적인 일부에 지나지 않는다. 궁금증과 초조함이 수위를 넘고 '장기간의 외유이거나 사모님과 해외여행 중이시겠지.'라는 내 식대로 위안을 삼아보았지만 이미 오랜 시간이 흘렀기에 위로는커녕 걷잡을 수 없는 두려움과 확신만 가중시킬 뿐이다.

어느 해 가을, 명성산의 억새꽃이 은빛바다를 이룬 풍광에 마음을 빼앗겨 '은빛바다'라는 제목에 짧은 글을 지어 블로그에 올린 적이 있었다. 그리고 얼마 지나지 않아 '은빛바다'님의 발자취가 있어 그 자취를 좇아 들어간 선생님의 공간에는 선생님께서 가족과 지인들과의 일상을 소중하게 표현하는 형식의 작품들로 가득 채워져 있었다. 다소 평범할 수 있는 일상도 관점을 달리하면 전혀 다른 사물이 되고, 생명이 되고, 사랑이 되어 보는 이에게 작은 감동을 주고 오감이 충족되는 감동을 주신다. 선생님과의 인연이 해를 거듭할수록 일상에 찌든 마음이 순화되고 영혼이 맑아지고 번뇌를 씻어주는 것 같아 존경하게 된 선생님이셨다. 어쩌면 그 바탕에는 이른 나이에 아버지와의 이별을 경험했던 상실감이 또 다른 그리움으로 작용했는지도 모른다. 선생님은 언제나 따뜻한 가장의 모습으로 크고 작은 사랑을 표현하고 계셨으니까.

선생님의 작품 앞뒤를 미루어 보아 도회지에서 잘 나가던 모든 것을 접고 당뇨로 오랜 기간 고생하는 아내와 자신이 겪은 큰 수술의 요양 차 한적한 곳으로 터전을 옮기셨다고 했다. 예쁜 집과 늙음에도 굴하지 않는 일에 대한 열정과 함께 늙어가는 아내와의 사랑, 그 아내와의 소소한 일상의 참 의미도 알아가는 중이라고 하시던 선생님, 아내도, 가정도, 더할 수 없이 소중하다는 걸 깨닫게 된 계기가 아이러니하게도 아내의 당뇨병과 당신이 겪은 대수술이었으며 건강을 위해 환경을 바꾸었듯이 서로를 위하며 매일매일 행복을 확인하며 사신다고도 하셨다. 나이 많은 남편이지만 김장 때면 큰 힘이 되어드리는 소소한 일상까지도 행복해하시는 선생님, 자신의 일과는 무관하지만 단순히 글쓰기가 좋아 당신의 인생과 일상, 당신의 철학을 소박하게 그려내시던 노신사의 블로그는 깊이 잠든 동물처럼 동면에서 깨어날 줄도 모르고 시치미를 떼고 있다.

선생님의 블로그에는 칠십을 훌쩍 넘기고도 이름 불리기를 좋아하신다는 누님을 위해 '길서 씨'라고 불러주는 장난기 가득한 막냇동생이 되어 화면을 채울 때도 있었고, 대중음악 중에 '내꺼 중에 최고'라는 곡을 인용해 같은 제목으로 쓰신 당신 아내의 소중함이 그대로 묻어난 작품을 보며 나를 미소 짓게도 했다. 자신의 무심했던 젊은 날을 소회한 '아내의 발'이라는 작품을 볼 때는 감동으로 가슴이 뜨거워지고 눈자위를 붉게 했다. 아내의 지병 당뇨합병증에서 벗어나려는 의지로 손수 아내의 작은 발을 닦고 마사지하면서 비로소 아내가 그 작은 발로 평생을 잔걸음으로 당신을 내조했으리라는 측은지심에 뒤늦게 깊은 사랑을 하게 되었노라 하시던 노신사는 또, 넘치는 자신감과 공명심에 불타 남보다 빨리 두각을 나타내고 싶어 했던 자신의 젊은 날, 자신과는 달리 정작 그 아내는 그때가 가장 외로웠다는 것을 알게 되었으며,

그런 아내를 위해 최선을 다하는 남편이 되시려는 의지를 피력하시기도 했다.

그렇다고 당신의 아내 이야기만 있는 것은 아니다. 사진 찍는 취미가 있으신 듯, 크지 않아 더욱 고요하고 그래서 더 좋아하신다는 작은 사찰을 찾아 당신만의 시선으로 주변 풍광을 앵글에 가두고 사찰의 유래며 당신이 왜 그곳을 좋아하는지를 정리하여 사진과 함께 올리고 부처님 전에서 꺾고 또 꺾고 오셨다는 글 속에서 나는 또, '나를 꺾고 또 꺾는다.' 그 신선한 문구의 반해 설레었던 기억도 있다. 글쓰기에 정도가 있다고 할 수는 없지만 그렇듯 모르는 것을 하나하나 알아가는 앎의 과정도 좋고 새롭고 신선한 문체를 만나는 것도 나는 좋았었다.

한 가정의 인륜지대사라는 혼인제도, 그 획일화된 절차들을 따르지 않고 일본에 유학 중이던 아들에게 며느리 자리를 들여보내셨다는 일화도 재미있지만, 이후 세 식구가 되어 중간에 다니러 나온 아들 내외를 위해 준비한 결혼식은 양가 부모형제만이 모인 의미 담긴 작은 결혼식이었다고, 요란하지도 번잡하지도 않았으며 당신 자신의 선택이 탁월했음을 자랑하시던 신생님, 또 눈에 넣어도 아프지 않을 딸의 결혼 소식과 잉태 소식을 전하며 딸을 향한 무한 사랑을 전하시기도 했었다. 사랑하는 아들딸들에게 뭔가 더 해주고 싶어 하는 당신의 아내와 또 그런 아내를 흐뭇하게 바라보는 자신의 시선을 엮어내던 수백의 수필과 또 그만큼의 자작 시들, 내가 잃어버린 것은 새 글을 볼 수 없다는 서운함만이 아니다. 언젠가부터 채워지던 '마음 곳간'이 비워진 상실감과 휑한 벌판같이 허한 마음을 차마 형용하기 어렵다.

선생님의 매력은 감성이 묻어나는 글뿐이 아니다. 그 연세에도 선생님은 마우스 작업으로 그린 화사한 꽃 그림을 안부 게시판에 놓아두셨고, 눈이 시리도록 파란 하늘과 황금빛 가을 들녘의 조화로운 풍경도 선물해 주셨다. 초겨울에 어울릴 것 같은 칠흑 같은 밤하늘에 무수한 별을 통째로 떠다 주시기도 했으며, 또 어느 때는 코발트 빛 바다와 암벽, 초목이 적당한 섬을 통째로 떠다 안겨주시던 선생님, 해마다 한가위에 보내주신 휘황한 보름달이 아직도 내 안부 게시판에 그대로인데 나는 선생님을 위해 아무것도 할 수 없고 안부조차 물을 길 없다. 나 자신이 하염없이 작다는 것에 속이 탄다. 마당 섶에 솥단지 걸고 무청 시래기 삶던 그날을 끝으로 선생님의 신변에 대체 무슨 일이 벌어지고 있단 말인가? 답답한 마음에 오늘도 선생님의 뜰을 배회하고 서성이다 화면 저 너머 멈춰버린 시간을 응시하다 쓸쓸하게 물러 나온다.

『포천문단 발자취』 2015

*그 날 • 1

그날 그곳엔 모든 것이 정지된 듯 고요했을 것이다. 선생님께서 이승에서의 마지막 숨을 몰아쉴 때 보는 이의 애타는 마음을 님은 아시었을까, 하늘의 부르심은 추상과 같았으니 일점혈육의 애끓는 눈물은 가시는 님의 발걸음을 더디게 했을 것이다. 사방 어둠에 싸여 그 말 없는 침묵의 고요는 이승의 못다 한 정 떼어내듯, 면벽 수행하는 고승처럼 고통도 아픔도 초탈하시고 또, 그렇게 찾아든 고요와 그 자유를 즐기시었는지도 모른다.

서울 유학의 신여성, 결혼 이후에도 학업을 이어갈 만큼 꿈도 사랑도 한껏 키우며 부풀어 오르던 행복한 결혼생활도 잠시, 채 서른도 되지 않아 선생님은 청상이 되시었다. 당신의 유작 시집의 일부처럼 늑대도, 여우도, 까치독사 하이에나도 많았을 그, 모질고 외로웠던 오랜 세월을 견디어 문학에 기대어 창작에 대한 열정만으로 외로움을 이겨내셨으리라. 이제 모든 것 다 내려놓고 너울너울 날아오르시는 모습이 눈에 어리는 듯하다. 옛날의 그

집, 적막뿐이던 그 집에서 책상 하나, 원고지, 펜 하나에 지탱하고 살아오시던 선생님, 종내에는 버리고 갈 것만 남아서 참 홀가분하시다던 아! 님이시어

어느 땐가 다시 태어나면 무엇이 되고 싶으냐고 젊은 눈망울들이 물었다고 했다. 선생님은 다시 태어나면 일 잘하는 사내를 만나 깊은 산중에서 농사짓고 살고 싶다고 하셨고 돌아가는 길에 젊은이들이 울었다고 했단다. 홀로 살다 홀로 남아 팔십 노구의 외로이 홀로 살아가시는 선생님이 안쓰러워 그랬을까, 저마다 맺힌 한 때문에 울었을까, 그게 아니라 본질을 향한 회귀본능 순리에 대한 그리움이었을 것이라고 선생님은 그러셨지만 그러나 나는 선생님의 마음이 녹아든 시구에 목이 메어 가슴이 저리고 먹먹해져 하염없이 눈물비가 내렸다.

일 잘하는 건강한 남자 그 곁에 뽀얀 앞치마를 두른 젊은 아낙이 눈앞에 그려진다.

그리고 그런 결코 생경하지 않은 그림, 결코 비범하지 않고 어렵지 않은 그 평범함을 그리워할 수밖에 없었던 선생님은 당신의 꿈길 같은 짧은 신혼과 과거로의 연민이 긴 홀로 인생을 버티게 하였을지도 모른다. 다시 태어나면 무엇이 되고 싶으냐고 묻던 젊은이들은 아마도 문학잡지의 문화부 기자이거나 선생님의 문학 그 향기의 취한 열렬한 추종자이거나, 그도 아니면 테마 여행 중이던 젊은이들이 큰 산이신 어른을 뵙고자 찾아들었던 것인지도 모른다. 그리고 그들은 돌아가는 길에 울었다고 했다. 나도 울었다. 옛날의 그 집, 휑뎅그렁한 큰집에서 홀로 살아가시는 선생

님의 그 모습에 가슴이 저미고 아파 왔을 테니까.

일찍이 홀로되어 살아간다는 것을 누군들 상상이나 했을까. 수백 리 아니 수천 리나 되는 물길처럼 그 기나긴 세월을, 결코 순탄하지만은 않았을 창파를 이겨 내오신 선생님이(일 잘하는 사내 만나 깊은 산중에……) 그리 말씀하셨다는 건 어쩌면 단칸 셋방에 오밀조밀 지지고 볶으며 살아가는 평범한 가정을 부러워하신 날도 있었을 것이며, 선생님의 인생 여정 끝자락 그 편안함에 그리 말씀하셨을 것 같기도 하다. 선생님의 화려한 작품 속에 가려진 외로움의 시간을 만분의 일이라도 알까 만은 부디 고요가 찾아듦이 평화와 영화로움이 되셨으면 하는 우매한 꿈을 꾸어본다.

2009. 5. 박경리 선생님의 유고시집
『버리고 갈 것만 남아서 참 홀가분하다』를 읽다가

*그 날 • 2

날벼락 같은 소식에 나 자신이 참으로 한심하다. 왜 나는 선생님이 편찮으시다는 소식도 몰랐을까, 그러고도 선생님의 추종자라고 할 수 있다는 말인가. 여기서 멀지 않은 곳 아차산 아래 '아치울 마을' 마음만 먹었으면 언제고 가볼 수 있었던 지척의 거리를 두고, 나는 TV 정시 뉴스의 부음보다, 자막으로 흘러가는 활자의 움직임보다 "어쩌니 너 많이 서운하겠다."라는 친구의 위로를 먼저 받았다.

남 먼저 내게 선생님의 부음을 전해준 그 친구에게 나는 선생님을 존경한다고 한 번이라도 말한 적 있었던가, 아니면 그분의 작품세계를 추종한다거나 하는 말을 한 적 있었던가, 나를 위로하는 친구가 장난이라도 치는 것 같다. 선생님이 병중이시라는 소식도 감감하였던 나 자신을 책망하는 한편, '꼭 한 번만' 내가 소원했던 무엇이 다른 무언인가에 부딪쳐 곤두박질하는 허망함에 그저 망연할 뿐이다.

나는 꼭 한 번만이라도 그분의 심판을 받아보고 싶었다. 조금만, 조금만 더 살아계시지, 선생님께서 소설 부문 심사를 하신다는 그곳에, 3월 말 원고 마감이라는 그곳에 꼭 응모하고자 준비중이었다. '대학생 문학공모' 소설부문 심사 위원이신 선생님의 심판을 꼭 받아보고 싶어 야심 차게 용기를 내어 방송대 등록을 막 마친 참이었다. 딱히 누구에게랄 것도 없이 야속하고 서러운 마음의 눈물이 마르지 않는다. 분명 목적이 있어서 나섰던 길, 입학원서 제출과 입학허가 그리고 등록만으로도 나는 목적지가 보인다고 생각했다. 결과는 중요하지 않았다. 벌써 두 번이나 실패했었으니 그만하면 맷집도 단련된 셈이다. 연연해 하지 않겠다는 말은 다만 선생님이 내 글을 심사해주시는 것만으로도 충분하리라 믿었기 때문이었다. 그러나 길은 거기서 끊기고 말았다. 가던 길이 눈앞에서 사라지는 이 어이없는 상실감을, 허무를 어쩌란 말인가.

꼭 우리 엄마 같은 푸근하고 넉넉한 인상에 그럼에도 쓰신 작품마다 얼마나 많은 감동을 몰고 왔었나. 우리의 인생이, 우리의 역사가, 우리의 질곡의 세월이 묻어 있는 당신의 작품들을 보면서 당신의 정신세계, 남다른 감성으로 엮어낸 당신의 작품세계와 세상을 직시하는 당신의 사고력을 탐독하며 꿈을 키우고 당신에 글속에서 사상도 사랑도 인생도 배워가던 나는 어쩌란 말입니까. 남보다 한참 모자라는 용기를 끄집어내고 응모자격을 부여받기 위해 오십 늦은 나이에 대학생이 되겠다고 이제 막 등록을 한참인데, 아! 누군가 장난이라도 치는 것 같다.

아~ 이렇게 허무하게 선생님을 놓아버리다니, 어린아이가 아끼던 연줄을 놓친 것처럼 너무 허망한 마음에 자꾸만, 자꾸만 눈물이 납니다.

2011. 1. 22. 박완서 선생님의 부음을 접하고

*언 발을 녹이며

요즘 결혼식은 주말과 주일에 이뤄지는 것이 대부분이지만 예식 시간은 전혀 구애를 받지 않는 것 같다. 이르게는 오전 11시, 늦게는 오후 5시에도 결혼식을 한다. 보통 길일이라는 날에 더욱 두드러진 현상인데, 낮 시간이 긴 봄여름에는 이르거나 늦은 결혼식이어도 별다른 문제가 없지만 요즘 같은 동절기에는 오전 11시 혹은 오후 5시의 축하객일 경우 자칫 교통으로 인한 어려움이 있을 수 있다. 근래 들어 가족과 아주 가까운 지인들만 참석하는 작은 결혼식이 붐을 타고 있지만 그래도 아직은 많은 하객들 속에서 성대하게 치러지는 이전 방식의 결혼식이 아직은 대세라고 하겠다.

어제 남편은 동창 중 사위를 본다는 한 친구의 축하객으로 서울을 다녀왔다. 예식은 오후 다섯 시, 식이 끝나고 식사하고 원근 각지의 동창들을 만나니 쉽게 헤어지지 못하고 자리를 옮겨 2차를 즐기고 언제나 그렇듯 또 같은 방향의 친구들끼리 중간쯤에서 삼삼오오 가볍게 3차를 거쳐 집에 온 시간은 밤 열한 시가 넘어서였다. 소한이 지난 지 사나흘, 한겨울의 한기를 온몸으로 견디고 귀가한 남편은 손발이 얼음장이 되어 있었다. 남편은 자신에게 엄격한 사람이어서인지 스스로 만든 규율에 갇혀 이 추운 날에도 차를 두고 대중교통을 이용했을 것이다. 혹여라도 자신이 움직여 한두 친구들의 카풀을 책임졌더라면 상황은 달라졌을 테지만 그렇지 않은 상황이었는지 남편의 차는 집 밖에 세워져 있었다. 자기관리가 철저한 남편, 상황에 따라 융통성을 발휘했으면 좋으련만 '예외'가 없는 남편이 때론 야속하기도 하다.

막 돌아온 남편이 이부자리에 들었을 때 내게도 냉기가 느껴질 정도로 남편은 얼어 있었다. '대한이 소한 집에 놀러 갔다가 얼어 죽었다'는 추위가 아닌가. 친구들과의 길어진 술자리에 비해 민숭민숭 취기도 없이 늦은 밤 돌아온 남편을 위해 난데없는 '언 발 녹이기'가 시작되었다. 겨우 몇 시간 눈을 붙이고 고향 당숙 댁 결혼식 참석을 위해 왕복 예닐곱 시간의 운전을 해야 하는 걸 알기에 서둘러 다른 방법을 찾을 생각도 못 하고 이불 속에서 남편의 언 발을 내 작은 발로 덮어 녹이기를 시작했다. 남편의 커다란 발등을 내 작은 발로 덮어 가며 애를 써 봐도 별 도움이 되지 않는지 쉬 녹지 않는다. 두 손도 예외는 아니어서 차디찬 남편의 손을 바꾸어 가며 꼭 쥐고, 비비고, 그러다 겨드랑이에 끼어도 보고 평소 같지 않게 쉽게 잠들지 못하는 남편의 손을 그렇게 부여잡고 있었다. 진즉에 더운물 샤워를 했으면 빨리 녹았을까? 아니면 인터넷이라도 찾아봤어야 했을까 하는 생각이 꼬리를 물었지만 나는 이미 나의 온기를 빌어 남편의 언 손발이 녹기를 기다리고 있었다. 그리고는 얼마나 지났을까, 좀체 녹을 것 같지 않던 손발이 차츰 온기를 되찾고 남편의 고른 숨소리를 들을 수 있었다.

아주 오랜만에 남편의 잠든 모습을 들여다보며 문득 살아온 날들이 찰나와 같다는 객쩍은 생각을 해본다. '허리 28인치의 파릇파릇하던 젊은이는 어디 가고 머리가 허연 이 중년 남자는 누구란 말인가.' 데이트다운 데이트도 없이 만난 지 5개월 만에 주례 앞에 선 우리 두 사람의 신혼 초, 서로의 힘겨루기로 가정 내 기득권을 차지하려고 티격태격하던 철없던 시절, 신기하게도 신혼 단칸방에 양가 손님은 끊이지 않았다. 돌아보면 지나치다고 느껴질 만큼의 잦은 방문은 우리 두 사람을 아끼고 사랑하는 마음에서 비롯된 관심이었을 것으로 바꾸어 생각할만하다. 그 엊그제 같은 날들이 이젠 까마득한 옛 추억이 되어 어느덧 서로를 바라보는 눈길에서 긴 세월의 애잔함이 묻어난다. 어쩌면 젊은 날의 나였더라면 오늘처럼 아무 군소리 없이 언 발을 녹이고 있었을까? 설사 오늘처럼 언 발을 녹이고 있었다 해도 바가지는 연신 긁어 댔을 것이다. 토라지고 바가지를 긁는 것까지 사랑 방식이라고 생각했던 지난날의 나였더라면, '왜 오늘같이 추운 날 군이 차를 두고 가서 생고생을 하느냐' 아니면 '2, 3차 따라가지 않고 일찍 돌아왔어야 하지 않았느냐'라고 어쩌면 앵돌아져서 그냥 돌아누워 버렸을지도 모를 일이다.

그러고 보면 나이 들어 좋은 것도 있다. 작은 것에 일일이 대응하지 않는 것이 그렇고 산처럼 커 보이던 남편이 어느 순간 평범한 중년 남자로 다가올 때 안쓰럽고 측은한 마음에 새삼 연민의

정이 생겨나기도 한다. 어느 순간부터 중요하다고 생각했던 일들이 부질없어지고 하찮은 작은 것에도 고마움을 느끼게 된다. 얼마 전 한 친구가 보내준 좋은 글귀가 생각난다. '나이를 먹는다는 것은 잘 익어가는 것'이라는 말로 기억되는데, 시고 떫고 쓴맛을 지나, 비와 바람과 햇볕과 시간이 만들어내는 농익은 과일처럼 우리도 알맞게 조금씩 세월 따라 익어가자고 하던 말이었을 것이다. 시고 떫은 풋과일이 달콤하고 탐스러운 과육으로 익어가는 시간처럼, 혹은 풋 나락이 알차게 여물어 고개가 숙어지듯이 우리도 참고 인내하는 인고의 세월을 기다려 인생의 참의미를 알아가는 중년으로 여물어 가고 싶다.

겨울밤은 길고도 길다. 남편의 찬 손발을 녹이느라 내 잠은 이미 십 리쯤 달아난 상태, 젊은 날 추억까지 더듬어 한 바퀴 돌아온 현실에서 문득 코드만 꽂으면 따듯하게 덥혀주는 찜질 패드가 떠올라 혼자 실소를 머금는다. 나이를 먹는다는 것은 점점 두뇌 회전도 더디고 모든 기억이 무디어진다. 함께 나이를 먹으니 애석할 것도 서러울 것도 없다. 다만 아주 가끔은 옛 친구들과 어울려 과거로의 회귀를 꿈꾸어본다. 지난 시절의 긴 이야기와 함께 불현듯 추억을 떠올려 시간 여행을 떠나고 싶어진다.

2016. 1.

*조표자가

그해 가을, 나는 최명희 님의 『혼불』을 읽고 있었다. 시대적 배경 속에 빠져들다 보면 오십이라는 내 나이는 결코 적은 나이가 아니었다. 개화기 어느 즈음의 민초들의 삶 속에 내가 있었던 착각을 들게 하니 말이다. 중반부쯤일까, 고교 교과서에 실렸던 '조침문'과 유사한 이야기가 그곳에 있었다. 소고당 고씨紹古堂 高氏라는 여인네가 수십 년 자신과 오랜 시간 함께 한 '박'이 깨어진 슬픔을 담아 '조표자가'라는 가사를 짓게 된 옛이야기를 읽으며 가사를 짓던 여인들의 솜씨와 필묵을 가까이하던 밋에 또 놀랐다. 게다가 그네와 어릴 적 나의 과오가 너무도 닮아있어 묘한 설렘으로 가슴이 두근거렸다.

애지중지했다고는 해도 한낱 일개 '박'이 아닌가? 자신의 손때가 묻은 '박'을 잃고 이별을 고하는 옛 여인의 그 허허롭고 애틋했던 심사가 조금은 낯설다. 그러나 물질의 풍요로움이 극에 달한 이 시대와는 분명 상반된 모습이었을 테니 작은 '박' 하나에도 남다른 지극스러움이 당연할지도 모른다. 지아비와 자식들 그리고 가정의 살림살이가 온 우주 인양 생활하던 당시의 그네들에게 작은 소품은 단순한 소품이라고 할 수만은 없었을 것이다. 선비가 문방사우를 늘 곁에 두고 벗을 한다면, 여인들에게는 당연히 집안 살림살이가 그네들의 전부가 아니었을까, 가위, 골무, 자, 실패 뭉치들과 색, 색깔의 자투리 천과 바느질 소품이 담긴 반짇고리와 인두 다듬잇돌, 방망이에 이르는 것들은 옛 여인들의 삶 속에서 노동과 놀이를 겸했을 수도 있다. 딱히 부잣집이 아니어도 조상 선영 봉사를 해야 하는 빈한한 선비 살림살이에도 크기대로 있었던 사각쟁반 모양의 목판이며 여덟 폭의 병풍과 촛대 향로 향합에 이르는 제기들까지, 멋스러운 까만 장석이 돋보이는 반닫이며 뒤주까지 손때 묻은 자연광은 안주인의 살림 솜씨를 엿볼 수 있게 했다.

어릴 적 뜻 없이 부르던 동요 '반달' 속에는 물 길어가는 꼬부랑 할머니의 치마 끝에 달려 있다는 쪽박, 옛 여인들의 어느 하루가 그 박과 함께 하지 않은 날들이 있었을까? 이른 새벽 물 긷는 것을 시작으로 잠들기 전까지 오랜 세월 함께한 살림살이에 대한 애착은 지금의 주부들로서는 상상도 못 할 일이지만, 별다른 소일이 없던 그네들에게는 단순한 살림살이 이전에 자신의 고단한 삶을 이입시키고 안타까운 심사의 위안을 삼던 동반자가 아니었을까.

지나간 어린 날, 내게도 '박'에 대한 나와 내 어머니와의 일화가 있다. 너무도 어린 날의 기억이다. 초등학교도 채 졸업하기도 전이었을 어린 계집아이의 실수였지만 어머니의 살림살이를 훼손

했다는 죄책감 때문인지 색 바랜 일기장을 보는 것처럼 나는 아직도 그날의 편린들이 뇌리에 남아있다. 단순한 작은 사고였으며 실수였다. 그 일이 지난 지 사십여 년이 훨씬 지났지만 지워지지 않는다. 그러다 '조표자가'를 마주하는 순간 그 일이 마치 어제 있었던 일처럼 가슴이 뛰기 시작했다. 아직도 뇌리에서 떠나지 않는 잔상 속에는 근거 없는 자신감으로 내 키만 한 쌀독을 상대로 무모하게 덤벼든 것이 최대 실수였다. 계절적으로 여름이나 초가을이 아니었나 싶은 건 농사철이었는지 어머니 아버지, 모두 들에서 돌아오지 않으셨고 상급학교 학생이던 오라비도 동생도 없는 빈집의 나 혼자뿐이었다. 저녁 지을 시간은 다 되어 가고 어린 내가 뭘 할 수 있을까 고민도 잠시, 엄마를 흉내 내보고 싶은 마음에 엄마가 늘 쌀을 씻던 제법 큰 바가지를 들고 쌀 항아리를 찾아 쌀을 떠낸다고 휘~적 헛손질을 했다. 그러나 쌀을 떠내기는커녕 박의 한쪽 귀퉁이가 '아작' 소리가 나게 떨어져 나가고 말았다. 전혀 예기치 않던 상황에 놀라 당황했고 밥을 짓기는 커녕 살림살이 하나를 못 쓰게 만들어 일만 하나 저질러 놓은 셈이다.

당시를 떠올려 굳이 경위를 찾아보자면 내 몸보다 더 큰 항아리를 들여다보고 쌀을 떠낸다는 것이 첫 번째 무리수였고, 또 더 큰 우를 범하게 된 것은 박의 두툼한 손잡이 부분을 잡지 않고 오래도록 써서 닳고 닳아 얇아진 날을 쥐고서 헛손질을 했기 때문일 것이다. 기억을 더듬어 혹시 쌀이 많지 않아 바닥을 향해 헛손질을 한 탓이었을까 싶기도 하지만 쌀이 중간쯤 차 있어도 상황은 변하지 않았을 것이다. 이미 오랜 시간 집기로서의 일을 다 해 얇아진 박의 상태를 알지 못한 어린애의 실수는 변하지 않으니까, 무엇이든 아끼고 절약하며 살던 시절, 그러나 어머니께 꾸중을 들었던 기억은 떠오르지 않는다. 세세하게 듣지 않고도 어머니는 모든 정황을 간파하셨을 것이다. 어린 딸아이가 어떤 마음으로 쌀을 퍼내려 했다는 것을 당연히 아셨을 어머니는, 손때 묻은 집기의 허전함, 딱 그만큼만 표현하셨던 것 같다.

'박'은 고향을 떠올리고 초가를 떠올리고 어머니를 떠올리게 한다. 플라스틱 제품이 보편화되기 전까지 농가 초가지붕 위에, 울타리에 덩그러니 매달린 '박', 앙증맞고 귀여운 조롱박 표주박도 있지만 그 크기가 층층이 있어 됫박 기능 말고도 쌀이나 나무새를 씻는 이남박이 되기도 했다. 그 쓰임새 많은 어머니의 박은, 됫박 기능 말고도 소나무의 은은한 향기를 머금은 송홧가루를 만들어 내는 도구이기도 했다. 이른 봄바람의 송화가 바람에 날리기 시작하면 송화 송이를 따서 집짐승이 닿지 않는 외진 곳에서 며칠을 말리신다. 바람이 자고 고요한 날 송화를 토닥토닥 두드려 가루를 채취해서 빈 송이를 다 추려 체에 내리면 1차로 검불이나 송화 송이의 티끌을 거르는 과정이 끝난다. 그 고운 가루는 다시 깨끗한 물을 받은 커다란 함지의 풀고 그 위에 '박'을 띄운다. 곱디고운 송화는 신기하게도 박에 다 들러붙는데, 그렇게 2, 3차 과정을 거친 젖은 송화를 어머니는 깨끗한 종이에 펴 말려 색 고운 송홧가루를 얻었고 함지에는 돌과 불순물만이 남게 된다.

선달그믐 즈음이면 어머니와 긴긴밤 마주 앉아 쌀, 콩, 흑임자와 고운 색감의 송홧가루까지, 색색의 다식을 만들어 새해를 준비했었다. 갓 깨어난 병아리 깃털같이 눈이 부셨던 송홧가루를 '박'을 이용해 최종 채집하는 이 일련의 과정들을 맨 처음 생각해낸 이는 누구였을까? 그 누군가를 향한 경외심과 자연의 내어주는 무한감동과도 마주한다. 그렇게 나는 오늘도 뜻하지 않은 곳에서 어머니를 만나고 추억과도 마주한다.

2010. 9

*사랑나무집

나는 그 집은 '사랑나무집'이라고 명명했다. 그렇게 부르는 특별한 이유가 있는 것은 아니지만, 매일 지나치며 바라보던 그 집 정원수의 잎사귀가 하트 모양이고, 한여름에도 진초록이 되지 않는 연둣빛 나뭇잎도, 집주인이 가꾸는 작은 정원이 예쁘고 맘에 들어 '사랑나무집'이라 이름 붙여 주었다.

매일 똑같은 출근길, 집을 나와 큰길 쪽으로 조금 걷다 보면 이내 만나게 되는 아담하게 지어진 단층집이 있다. 농지를 매입하고 작은 집을 짓고 이사 온 지도 제법 여러 해 되었지만 어쩌다 보니 주인 부부와는 아직 일면식도 없다. 어른끼리 비슷한 동년배이거나, 혹은 아이들끼리 나이가 비슷하면 좋은 이웃, 좋은 관계가 형성됐을 수도 있었겠지만 나는 그 집의 내력을 이웃집의 전언으로만 알뿐이다. 사십이 조금 넘었을까 하는 젊은 부부가 두 딸과 함께 살며 멀지 않은 곳에서 작은 공장을 운영한다고 들었을 뿐이다. 다소 낯선 '사랑나무'에 대해 알아보고 싶어 식물도감을 찾는다거나 하는 일 따위는 물론 하지 않았다. 야트막한 스테

인리스 짜임 대문 옆, 사각기둥 대리석 문패에 부부 이름과 두 딸애의 이름이 나란하게 새겨져 있어 막연하게 그 집 부부가 맘에 들어 내 마음속에 '사랑나무집'이라 부를 뿐이다.

그 작은 단층집은 화려하거나 오래 공들여 지은 집은 아니다. 딱히 정원이라고 이름 붙일 것도 없이 대문 안쪽에 나무 몇 그루에 계절 꽃을 피우는 작은 화단이 담장 아래로 자리하고 있을 뿐이다. 빠른 성장 속도를 자랑하는 느티나무의 곁가지들은 어느새 단층집의 지붕 위를 덮어간다. 봄이면 눈부신 매화꽃을 흐드러지게 피우는 매실나무와 내가 이름 붙인 사랑나무도 한 해가 다르게 크고 있다. 새봄 새싹이 비집고 나올 때부터 한겨울 나뭇잎이 떨어지기 전까지 묘하게도 나뭇잎은 연둣빛 그대로인 것이 마냥 신기했다. 게다가 나무의 생김도 나뭇잎의 모양도 이제껏 야산에서도 다른 이웃의 정원에서도 본 적 없으니 분명 외래식물인 것만은 분명해 보였다.

그렇게 몇 년을 한결같던 그 집의 갑작스러운 변화가 생겼다. 두어 달 전 봄 햇살을 받으며 출근하던 날, 사랑나무집 대문 밖에 집기가 두어 개 나와 있었다. 가구를 새로 들여왔거나 그로 인해 교체 작업이나 정리쯤으로만 여기고 이사는 생각지도 않았다. 그림 같은 집을 지어 단 몇 년이 흘렀을 뿐이니 이사는 전혀 생각 밖이었다. 그러나 퇴근길에 본 정경은 달랐다. 일가족의 이름이 새겨져 있던 문패 위에 낯선 이름 하나가 임시로 덧붙여져 있고 집 안 곳곳에 불이 환하게 밝아 낯설어 보였다. 사랑나무집의 식구들은 이미 다른 곳의 이웃이 되고 말았던가 보다. 어쩌면 좋은 이웃이 되었을 수도 있었는데 바쁘다는 핑계로 교류가 없었다는 이유로, 서로 존중하며 예쁘게 살아가는 부부였으리라는 이웃을 잃고 말았다.

계절은 어느새 완연한 여름이 되어 주인이 바뀐 그 집에도 작은 변화가 보이기 시작했다. 키가 더 커진 사랑나무가 보기 좋게 다듬어져 있었고 한 뼘 작은 담장 밑 꽃밭에는 요즘 보기 힘든 그래서 더 반가운 나팔꽃이 줄을 타고 하루가 다르게 올라가고 있었다. 나팔꽃은 메꽃과의 다년생 꽃으로 꽃받침은 하얗거나 분홍색으로 끝으로 갈수록 보랏빛 색을 띤 나팔 모양의 꽃을 말한다. 그 나팔꽃을 위해 매어진 줄, 그 새로운 광경을 목격한 후로 나는 이주해간 전 주인의 안부보다 나팔꽃을 심고 타고 올라갈 수 있도록 줄을 매주는 새 주인이 궁금해지기 시작했다.

주인의 연령을 짐작케 하는 또 다른 토종 꽃들이 얕은 담장밖에 중년 여인의 시선을 잡아끈다. 어릴 적 장독대 주위에 다닥다닥 땅바닥에 붙어 노랑, 빨강, 여러 색색의 꽃을 피우던 채송화며, 닭의 볏을 닮았던 맨드라미며 백일홍, 분꽃, 아찔한 향기에 백합, 거기다 건드리면 씨방이 터져 튕겨 나가는 봉숭아의 슬픈 동화 이야기까지, 오랜만에 보는 화단 풍경이 어린 날의 추억으로 나를 떠다밀어 반가운 마음 헤량하기 어렵다. 이 집의 안주인도 나처럼 어릴 적 화단을 채웠던 예전의 꽃들과의 아련한 추억이 있었던 걸까? 나팔꽃이 타고 올라갈 몇 가닥의 줄, 그 줄들 사이로 거미가 줄을 뽑아내 사냥터를 만들 것이고, 밤사이의 이슬이 내리면 얼마나 아름다운 그림을 만들어 줄 것인가.

문득 어릴 적 친정 동네에서 정원 손질이 가장 잘 돼 있던 집을 친구 따라갔던 기억이 떠올랐다. 도심과 떨어진 농촌 지역에서 보기 드문 정원을 가진 그 집에는 우리네 집에는 없던 꽃과 나무들이 군데군데 정원석의 보호 속에 다듬어져 있었다. 사철 늘 푸름을 자랑하는 주목, 일명 도장 나무로 알고 있는 회양목, 운치를 더해주는 조선 토종 소나무도 있었다. 그리고 매년 안주인이 씨뿌리고 가꾸지 않아도 한결같이 탐스러운 꽃을 피우는 다년생 알뿌리 식물인 작약 백합 목단과 가을의 여왕 국화도 있었고 아치형 대문을 타고 그늘을 만들던 등나무와 이른 봄, 숨 막히는 향기를 뿜어대던 라일락은 당시 군청 직원이던 집주인을 더욱 돋보이게 했었다.

작은 시골 마을에도 어느 집이든 화단도 있고, 애정을 가지고 키우던 토종 꽃들이 있었다. 우리 집에는 바깥마당 섶에 무궁화나무가 일품이었는데 나는 이제껏 살면서 우리 무궁화처럼 그렇게 탐스러운 무궁화를 보지 못했다. 또 어느 해 봄에 샐비어라는 새로운 종種이 생겼는데, 당시 오빠는 한 번도 본 적 없던 식물 세 뿌리를 학교 화단에서 몰래 갈무리해와 우리 집 화단에 옮겨 심었다. 다행히 학교나 우리 집 토양이 별반 다르지 않았는지 잘 자라 한여름부터 늦가을까지 붉은 꽃을 피워 오고 가는 동네 사람들로부터 분양 해달라거나 씨 좀 잘 받아달라는 부탁을 받기도 했다. 다른 집에는 없고 우리 집에만 있는 꽃, 이름도 모르던 그 꽃을 동네 사람들은 달콤하다는 이유로 '꿀 꽃'이라고도 했고, 쌍떡잎의 들깻잎을 닮은 것을 두고 '깨꽃'이라고도 했다. 나중에 이름을 알게 된 샐비어는 이즈음에 다시 찾아보니 인터넷 정의가 참으로 놀랍다. [속씨식물, 쌍떡잎식물강, 꿀풀목, 꿀풀과] 등의 설명과 원산지는 예상대로 유럽으로 되어있었다. 농촌 지역의 살며 일평생 작물을 키우던 분들이니 외래 식물이라도 얼추 비슷하게 이름을 유추했다는 것도 재밌고 신기했다. 첫해 나만 가졌던 샐비어가 좋았었지만 당시 우리 집에는 없고 작은댁 대문 옆에 탐스러운 수국이 나는 부러웠다. 봄이 무르익으면 수국은 어머니의 가마솥 찐빵을 닮은, 혹은 달콤한 솜사탕처럼 한껏 탐스럽게 부풀어 오르는 수국을 나는 정말 가지고 싶었었다.

사람 마음이 이리도 간사한 것인가. 떠나간 이웃의 허전함은 잠시 접어두고 추억을 더듬게 하는 새 주인이 한 뼘 한 뼘 가꾸는 정원에 매료되는 나를 본다. 아침저녁 나팔꽃 덩굴이 줄을 타고 오르는 것을 보는 것처럼 이른 아침 거미줄에 맺힌 이슬을 감상할 날도, 그 거미줄에서 그네를 타는 노랑 줄무늬 거미를 볼 날도 머지않다. 이렇게 새 주인의 호감도가 커가는 오늘도 나는 그 사랑나무를 바라보며 '사랑나무집' 앞을 오간다.

2008. 초하 『한국에세이』 창간호

***영문 번역**

The conclusion of an argument

***서평**

이운순의 수필 세계

The conclusion of an argument

Translated by KWEON, Dea-geun
Written by LEE, Woon-soon

Hot weather of sultry summer and a heavy rain hit by a typhoon in a long spell of rainy season are over. Then last summer heat at its hottest of this summer remains. Owing to hot weather laid bent of a stick of taffy once a day of everyday living by chance it was a vigorous voice that puts life into me. It was a telephone from the third son of elder sister's about this plan of visiting his mother's maiden home. Then though there are above 10 nephews to me, this nephew has something out of common to a relative on the mother's side, and then he is a nephew who was accordingly loved so much by his mother's brothers and sisters. There was a not only he frequently was coming in and out of the house of his mother's parents, but he has indulged in his reminiscences from those who weren't old enough with his two uncles and the last born sister.

Many a person would feel nostalgic for one's mother's parents. That place where was heard from a cattle shed a clink of cow-bell in a stable, and one's grandmother's being in additional favor, by whom she used to pat, pat on his back with her endless love, but these must have been solely never a scenic beauty of the house of his mother's parents. I'm grateful to him for such a nephew he always awaited paying a visit to his mother's parent's house, because of longing for his past times. In spite of losing his nerve in front of his maternal grandfather whose exhortation gave him rebuke terrible for a little fault, at any rate this custom was still lingering on from an attitude of Confucianist with his everyday life. Probably it might be come from instinctive recurrence along the prolongation of his life. Another version has it that among many a brother he was nothing but a small beginnings, once in the event of coming home to the house of his mother's parents his presence naturally shall be admitted enough to a man of fine lovable presence, so that he can't but having persistence and longing in his mother's parent's house as well. It made me burst into laughter for the above matter of my opinion through wife's idle remarks. Finally it brings forward reasons to call for my wife's people altogether.

To the nephew, what a feeling was it for his mother's parents? there were other reasons adaptable to turn his steps for catching such a yearning as contained in a black and white photograph of color faded, that perhaps unconditionally taking sides of his part all the time was belonged to the same generations of his maternal grandmother and uncles on the mother's side with maternal aunt youngest, who were considered to be not different grade of their years themselves one another. For all that, was our mother such a minute person in everything as just the young child remembered? Of course, it can't be so, however when she ever saw her grandchild, she always was a typical model of grandmother, full of love. In spite of the big change of the age in the 1970s and 80s my mother was considered to be more hard owing to similar unchangeable character of Confucianist. My father was in distress for hard living and lower cost of living as a poor scholar must have been not full of vitality, so that also his physical strength was not so strong, mom accordingly fell into these eventful days. Then, as mom always used to give others and specially, maternal children her warm reception with her laughter and in the light of bright countenance. Such an attitude would be the first reason to make maternal house comfortably warm.

After and before Chuseok there were several chestnut-trees native kind to harvest, mom would keep chestnuts under the bottom of the kitchen in a sunken place to eat for grandchildren of his daughter, and await winter vacation on to come, for them she would like to show how delicious tastes of roast chestnut, due to the good storing will be.

Moreover, there are connectors undeniable. Because it occurs being not different with age and hobbies between maternal nephews.

While going the army, she defied imitation about her brother as a good hand with one stroke of a brush also between younger brother and nephew their cali graphs were resembled one another. Above all, at that time one of epochal things was to male brother to buy a guitar having a regard for papa's feelings during joining the army of my old brother. Somewhat, papa tolerated him not to take firm attitude, it will perhaps be generous for him, because he got him over 50-years-age, expressing his ardent love for his loving son. Between maternal nephews they made fine ensemble acting one another to sing a song with guitar touching their right chord through the night, as if those of younger generation would learn it to stick to only their text of guitar. There is no rule without exceptions despite students of middle or high school who must help their parents with farm hands after school. That was just a farming methods of agricultural society. Although my unskillful farming hands are exceptional, I've to mow grass for feeding on the cows. It's also a beautiful memoir for a joint owner who can enjoy making a smudge and laying on the side of ground to behold the sky sprinkled with stars at night, being exhausted.

Whatsoever set spreading a fine dinner table awaited after falling in encounter long cherished it needs to us to have a time enjoyable, not a lot of eatables on the table, of which most of them we prepared for nephews were like a three-ply-pokes, a lot of fruits, though having in haste. Endless memoirs in those days of past confessing all sorts of tales at night are to be good eatable better than on the table prepared. While being concerned about their safety and after wine has gone round several times, every last one of you they talked about their past, and perhaps that child must have been dashed upon us around the corner of summer holidays to put his caressive mind of yearning times down. Till late at night exchanging cups of wine with themselves, though over again and again talked about repeatedly, but we allowed to hear it once more with laughter. Along the memorable roads there would I meet the wrinkled laughing face of maternal grandma's, with her two white of head on, and even by a measure of song singing altogether, and playing guitar awaken all night made us choked, moving by telling his eyeball area grown red to improve our memory newly remembered. Already time of being remiss in calling was gone, while enjoying in a dialog with several exchanges of views about the feeling of impatience of falling-out of hair, and then worrying about gradually becoming a person comical with a potbelly sitting in company with my nephew of growing fifty years of age. What even we find mutual alteration before our eyes can't wake up to a realization of time's gap. For it remains into same pictures to be ever present in our mind.

Then, life never permit our living in great splendor. With lapse of time to struggle against fearful odds of one's place of work to the overcoming difficulties as a man of making a hard living oppressed in reality he becomes a middle-ager. As well as he verily wanted to come here, bliss of today's encountering also will be doubled, I hope and believe, additional another album of memory will be attached there in. Though it was to be a living as repeated as well, its repeating doesn't set us back in our livelihood. It is important to go forward for better future, but it needs to return counter to the past engraved a seal with memories for being confronted by the conclusion of an argument. Sometimes rather we're able to find its answer through memoirs of infancy, when we couldn't find solution on the living at school and society. If starting point of getting a positive strength and new energy belonged to happy days of the past, it's called also a fine, logical reaching home in safety.

Someone would wait and observe something strange without enjoying memories together this night. Excluding the wife of a girl's brother, my husband and children from the memoirs in the past, they don't feel wonder our storytellings, and moreover, they don't yield to curiosity too small. Why do they wait and see about our hoping memoirs? Are the time of ours not able to reflect upon their heart and lots of time not to join public things together, entirely very much different things for them? Though we take it for granted that when nephew usually depart home, saying to his wife by way of maternal parent house to his mother's house where an adopted person was born, nephew's wife with a dubious look also will be an observer and nothing but an outsider who can't be invited for our memoirs.

The child who has awaited summer vacation for today's encounter, and though his new year day or Chuseok break-time should have unifying schedule of visiting his old mom of hometown and of visitor to his ancestor's grave, summer holidays must be called a real vacation. When I think of nephew's wife, who's waiting for another's case on a real holiday, I'm very sorry to trouble her. Therefore, I spent three-days-vacation among a week's long holiday, and did last 3 days remained for my mom. But owing to the nephew who's estranged from them, our maternal uncles and aunt spent enough peaceful time and to spare for the first time. Truly I hope that the child's today can become this day like the conclusion of an argument, who rather chose the tour day emotional born by yearnings to deny everyone's unifying journey concerned with such a old anecdote_

"Together but thought differently."

이운순의 수필 세계

- 그리움과 추억이 교직된 삶 속, 감동의 사연들-

권대근

(수필비평가, 대신대학원대학교 교수)

I. 로그인

수필은 인간 삶의 역정을 바탕으로, 그것이 지닌 가치와 진실을 구현해내는 문학이다. 인생에 대한 해석이 드러나는 문학 형태인 것이다. 한마디로 이운순의 수필은 '정의 문학'이다. 정이란 인간의 영혼이 응결된 심성의 꽃이다. 맑은 영혼을 드러내는 투박한 그릇이요, 풋풋한 향기다. 인간의 마음을 움직이게 하는 감동성, 그것이 없는 수필은 이미 수필이 아니다. 문학은 삶에 대한 절실한 바람에서 꽃핀다. 단순히 자기를 드러내는 데 그치지 않고 보다 근본적인 의미에서 삶의 중심을 파고들 때, 진정한 문학에 값할 수 있음이다. 수필 속에 물상보다 이웃 사람과 나눈 따스한 교감을 더 많이 다루고 있다는 것은 이운순 작가가 삶의 현장에서 유난히도 사람을 사랑한다는 증거다. 그녀는 삶에 있어서 가장 중요한 것이 추억임을 말하고 있는 휴머니스트 작가라 하겠다. 추억이 향기를 내고 있다는 것이 이운순 수필의 특징이다. 아무리 아름다운 꽃이라도 향기가 없으면 생명이 없는 조화나 다름없다. 꽃도 향기를 갖고 있고, 사람도 그 나름의 향기를 낸다. 그녀의 수필에 있어서 추억이 매력적 요소라면, 인연은 절대적 요소라 하겠다. 추억이 인과관계 없이 발생하는 필연성에 대한 대립개념이라면, 인연은 인과관계를 전제로 한 필연성의 등가개념이기 때문이다.

이 논리를 전제로 할 때, 이운순은 우리 시대가 잃어버린 인정을 수필나무로 키우는 정원사다. 인간관계에서 호감이나 친밀감은 기본적으로 인정을 발생시키고, 인정은 보다 구체적인 질적 관계로 발전하여 사랑을 생성한다. 인정은 사람으로서 주고받을 수 있는 보편적인 인간애로서 폭넓은 윤리적 공감대를 형성한다. 이 책에 실린 수필은 한결같이 자연의 빛깔과 인정의 향기가 내면을 촉촉이 적시는 정감의 세계를 향하고 있기에 감동을 준다고 할 수 있겠다. 그녀의 수필은 인연의 소중함 그리고 모성과 추억을 청량한 눈과 마음으로 그린 글로서 한마디로 그 출발선이 그리움의 고백에 있다고 하겠다. 작가의 시선은 언제나 자신의 내면에 머문다. 주로 자신의 심중에서 여울치는 물결의 무늬를 그려내는 일에 몰두한다. 그녀의 문학적 그림자 형상은 '그리움'이다. 작가적 현실 세계가 삶의 기록으로 끝나는 것이 아니라 '삶'이라는 보편성에 의미를 부여하는 방향으로 키를 틀고 있기 때문에 그녀의 작품은 문학적 향기를 발산한다고 볼 수 있다.

작가는 포근하고 생명의 기운으로 가득 찬 의식의 산실이었던 유년기 속에 있는 흑백 사진처럼 아련히 남아있는 인정을 오늘날의 건조한 풍요와 대비해 촉촉한 모습으로 구체화하는 데 성공하고 있다. 다소 안정된 공간에서 이운순이 마주하는 수필적 공간은 인정과 애환을 담은 애련한 사진으로 인식된다. 하늘을 안고 들어온 햇살이 모인 과거의 모습이 그리움으로 다가오는 것은 추억은 언제나 아름답기 때문이다. 이운순의 작품은 크게 세 가지의 주제 범주를 갖는다. 첫째 범주는 이운순 수필의 거대한 물줄기로써 '인생이란 어떤 것인가?'라는 물음으로 역사적 환경 속에서의 바람직한 삶을 위한 지향의식과 관련된다. 구체적으로는 이웃 사람들과 인연의 소중함에서 얻은 삶의 지혜를 담고 있는 글이고, 두 번째 부류는 수평적이고 당대적인 울림을 창조하는 모성적 그리움과 진한 가족 사랑을 담고 있는 글들이라 하겠다. 마지막으로는 '인간이란 무엇인가?'라는 물음에 대한 답을 구하는 부류다. 본성 차원에서의 인간 존재해명의 문제를 천착하는 것으로서, 시간적 관성을 창조적으로 활용하고자 하는 지적 욕망의 대서사시라고 할 수 있는 자기실현의 모습을 담은 수필들이라 하겠다.

II. 이운순의 수필 세계

1. 인연 자락에 핀 추억의 노래

수필은 일상을 소재로 해서 정서와 그를 통해 획득되는 깨달음을 유감없이 기술할 수 있는 글이다. 이운순의 수필은 이러한 고유 영역과 특성을 제대로 살렸기에 향기를 지닌다고 하겠다. 수필을 인간학이라 부르는 소이도 수필의 내용이 인간에 대한 사랑을 떠나서 존재할 수 없다는 사실을 말해주는 것이다. 현대는 다양한 욕구가 충만해 서로 좌충우돌하지만, 자신 이외에는 어느 누구에게도 눈을 돌리거나 귀를 기울일 수 있을 만큼 여유가 없는 단절과 소외로 특징되는 시대다. 이러한 이유로 해서 오늘을 사는 사람들은 고독과 외로움으로 고통당하고 있는 것이다. 이런 현실 속에서 수필을 쓴다는 것의 의미는 무엇인가. 문학이 문학만을 위한 작업에만 충실할 수 없는 시대에 살고 있는 것만은 분명한 것이다. 자기 정서의 표출이라는 자기 구원만으로 수필가의 사명을 완수했다고 볼 수 없는 것이다. 이런 차원에서 이운순 수필가는 인간애의 정신을 수필적 주제로 그려내고 있다고 할 수 있다.

바로 인연의 소중함과 만남의 축복이다. 이운순이 인정의 세계에 푹 빠져들고 있는 것은 그녀가 누구보다도 가슴 따뜻한 사람이기 때문이다. 그녀의 수필은 사람이면 가져야 할 인간적인 자세가 어떤 것임을 엿볼 수 있게 해서 인식 구조로서의 문학적 역할을 잘 수행하고 있다고 하겠다. 여기에 더하여 이운순 수필들이 함축하고 있는 감성의 세계는 탁월해서 금상첨화다. 이런 함축적 감성과 문장은 작가의 조용한 성품과 품격을 보여주기에 적절하다고 하겠다.

오늘의 만남을 위해 여름휴가를 기다려 왔다는 그 아이, '설 명절 추석 명절 휴가는 당연히 고향의 노모와 선산을 찾는 일정으로 획일화되어있지만, 여름휴가야말로 진정한 휴가의 의미 아닌가. 어쩌면 평범한 사람들처럼 휴식 같은 휴가를 기다렸을 이질부를 생각하면 좀체 미안한 맘이다. 일주일의 휴가 중 삼일은 아내를 위해, 그리고 마지막 삼일은 어머니를 위해 가는 길, 그 남은 날의 틈바구니를 비집고 찾아온 조카로 인해 외숙들도 이모도 모처럼 여유롭고 느슨하고 온전한 추억의 시간을 보냈다. '동상이몽'이라는 옛말처럼 모두가 꿈꾸는 획일적인 휴가를 거부하고 그리움이 내재한 감성 여행길을 택했던 그 아이의 오늘이 먼먼 후일의 귀착점이 바로 오늘이었기를 바라는 마음 간절하다.

〈귀착점〉 중에서

위의 작품은 영역으로 번역된 작품으로, 큰언니 셋째 아들의 외가 나들이에 대한 소회를 적은 글이다. '귀착점'은 그의 삶을 이끄는 철학이자, 그 나름의 바람직한 인간상으로서 의미를 갖는다. 이처럼 바람직한 인간상은 이 수필의 지향적 목표라는 점에서 주제적 가치를 지닌다. 작가의 말처럼 '추억을 곱씹고 살아간다고 삶이 퇴보하는 것'은 아니다. 요즘 같이 각박한 세태에서 추억은 긍정적 기운과 새로운 에너지를 얻는 수단이 되기도 한다. 그리움이 내재한 감정여행 속에서 추억 바라기는 한 편의 흑백 영화를 보는 듯하다. 삼겹살과 약간의 전 그리고 몇 순배의 술이 돌자, 모두가 추억의 길을 따라나서고, 가족들 간 적조했던 시간은 이미 사라지고 만다. '무수한 별과 매캐한 모깃불'의 의미는 외가의 향수를 느끼는 사람들에게 있어서 특별한 상징이다. 작가는 전개부 첫 마디를 '외가에 대한 향수를 갖는 이는 많다'라고 적었다. '잘그랑' 워낭소리가 들리는 외양간 풍경 하나면 족하다. '워낭소리'가 인정의 상징임을 짐작케 한다. 인정을 베푼 경험의 기억보다 인정을 받은 흔적을 남기는 일은 더욱 가치 있는 일이다. 주어진 시간을 살면서 무엇보다도 중요한 것은 그녀가 우리 기억의 한편에 속해 있는 체온보다 더 뜨거운 것으로 자리했던 인정의 샘물을 미학적으로 형상화하고 있다는 점이다.

추억 속에 등장하는 인물의 성격적 특성을 의미화 하는 작가의 문장이 담백하고 소박해서 좋다. '무엇보다 획기적인 사건은 오라비가 군에 간 사이 남동생은 아버지의 눈치를 살펴 통기타 하나를 장만하기에 이른다. 아버지는 어쩐 일로 강경하게 못 하시고 모르는 체 묵인하셨는데 아마도 당신이 쉰 넘어 보신 막내에 대한 애틋함에 딱 한 번 너그러우셨던 것 같다.' '밤이 이슥하도록 술잔을 기울이고 앞서 했던 말 처음인 듯 또다시 풀어내도 다시 들어주고 또 웃어준다. 추억의 길을 따라 찾아온 곳에 하얀 머릿수건을 쓰신 외할머니가 주름진 얼굴로 웃고 있고, 밤새 두들겨대던 기타 소리, 함께 부르던 노래 한 소절에도 이모가 떠올라 가끔 눈자위가 붉어진다는 말에 가슴이 뭉클해 온다.'라는 진술은 작가의 문학적 역량을 보여주는 예다. 그녀는 추억 바라기를 통해 인정을 잃어버린 시대, 현대인들에게 추억의 가치를 전해주고자 한다. '동상이몽'이라는 옛말처럼 모두가 꿈꾸는 획일적인 휴가를 거부하고 그리움이 내재한 감성 여행길을 택했던 그 아이의 오늘이 먼먼 후일의 귀착점이 바로 오늘이었기를 바라는 마음 간절하다는 작가의 말에 공감을 하지 않을 수 없다. 그렇다. 작가는 우리가 잃어버리고 있는 '추억의 길'을 독자들이 잘 걸어가도록 안내하는 역할을 해야 한다. 이것이 작가가 감당해야 할 사회적 책무가 아니겠는가.

> 아이가 좀 진정이 되었던지, 우리를 한 번도 잊은 적 없다고 힘주어 말하며 "전요 아직 아저씨 이름이랑 애들이랑 다 기억해요." 그간에 안부를 조심스레 묻자 서둘러 할머니를 깨우는 소리가 난다. "아! 다행이다. 아직 정정하시구나." 수화기 저쪽 너머에서 소현의 짧은 설명이 들리고 이내 들리는 아주머니의 음성, 마치 시간을 거꾸로 돌린 듯 음성에서 여전한 힘이 느껴진다. 우리가 시내로 이사를 했다는 잘못된 정보와 너무 변해버린 이 지역의 특성상 우리를 찾을 수가 없었단다. 그간 애타게 그리워한 것은 우리만이 아니었던가 보다. 지나간 날들의 그리움이 한꺼번에 밀려든다. 그 그리움의 끝에 비로소 만난 목소리가 그저 꿈만 같다.
>
> 〈그리움도 때론〉 중에서

이 작품에서 생성되는 미의식의 정체는 무엇일까? 작가와 소현에게서 공통적으로 인식되는 미감은 품격미다. 이는 소현의 전화를 연민과 고마움으로 인식하는 작가의 성품에서 확인된다. 사람은 평생 동안 끊임없이 방황을 거듭하고 뒤척이며 산다. 그것은 보다 가치 있는 것을 찾아 헤매는 일종의 순례일 수 있다. 그리움이 형상화된 이 수필 〈그리움도 때론〉은 찬란하고 정결한 정신의 축제라 할 수 있다. 삶을 통한 선택된 체험이 미학적으로 형상화되어 있기 때문이다. 기억의 뿌리를 움켜쥐고 살 수 있다는 사실만으로도 행복한 것이다. 잊고 있던, 기억 저편의 모습을 드러내는 여러 일을 서정 어린 감성으로 펼쳐 보일 수 있는 것이 이운순 수필이 갖는 매력이다. 이 작품 역시 그리움의 소산이라 할 수 있다. 극적인 전화통화는 양자의 입장에서 일생 동안 가슴에 담아 두었던 서로에 대한 예의이자 가장 격조 있는 또 하나의 해후 방식이라 할 수 있다. 이 수필의 문학적 향취는 실감 나는 회화체를 통한 체험의 구체화에서 풍겨난다.

문학의 감동이란 결국 언어들이 만들어내는 분위기다. 그것이 연상과 상상의 작용으로 이미지화될 때, 문학적 감동이 찾아드는 것이다. 신호가 간다. '한 번, 두 번, 세 번, 너무 늦은 시간인 걸까. 그만 수화기를 내려놓을까.' 찰나에도 여러 생각이 스친다. 순간, 신호가 멈췄다. "여보세요" 다소 긴장 어린 그 아이의 음성이다. "수현아?" 나는 오랫동안 그리워했던 그 이름을 불렀다.'는 표현에서 알 수 있듯이 소현이는 작가의 삶에 늘 그렇게 따라다녔다. 이 정도면, 이 작품의 마지막 멘트, '기다림이 이토록 달콤한가를 느끼는 게 얼마 만인가. 이 또한 그분들이 내게 주는 선물이며 기쁨이라고 믿는다.'는 진술에 힘이 실린다. 독자를 설득할 수 있는 적절한 표현이 아닐 수 없다. 인용된 예문을 읽으면, 작가에게 있어, 추억은 그리움이고, 삶의 동반자임을 알 수 있다. '잠시 스친 인연에 불과하지만 그 아이가 언제든 기댈 수 있는 든든한 버팀목이 되는 것을 거부하지 않겠다.'는 표현 역시 인연에 인정을 담는 것으로써, 작가의 따뜻한 정을 느끼게 하는 대목이다. 고요한 밤의 정적을 깨는 전화기 벨소리를 물꼬로 인연의 소중한 가치를 연출하는 솜씨가 보통이 넘는다.

사랑하는 남편이 돌아올 날을 손꼽아 기다리던 한 여인이 겪은 전쟁의 상흔은 그렇게 가혹하고도 냉정했다. 무심한 시간이 흐르고 그녀는 어느 사이에 그렇게 남의 집 첩살이를 하는 신세가 되고 말았다. 자신이 선택했다기보다 선택된 첩살이, 아들을 낳기 위한 한 남자의 강제적인 취함에 있어, 이미 첫 번째 결혼으로 딸아이를 두었던 그녀는 그런 치욕적이고 강제적인 순간에 그만 정신을 놓고 말았던 것이다. 일제 치하에서 신학문을 접했다고는 해도 조선의 유교 관습을 그대로 지닌 그녀에게 닥친 일들은 그녀를 온전한 맨정신으로 아파하게 두지 않았을 것이다. 현실을 받아들이는 조건으로 그녀는 정신을 놓고 만 것이다. 피폐해진 그녀의 가족사처럼 급격하게 기울던 가세와 멍에처럼 지워진 노모 그리고 어린 딸과 새로운 생활로 하나둘 늘어가는 아이들 '세상 물정 모르던' 그녀는 그렇게 녹녹치 않은 인생을 살아나왔던 것이다.

〈붉은 추억의 깃발〉 중에서

이 수필 〈붉은 추억의 깃발〉은 이운순이 작가가 되기로 결심하면서 구상한 소설의 가제인데, 그녀는 결국 출산과 육아 등의 현실적 장벽에 막혀 소설 집필을 포기하고 만다. 비록 소설로 태어나지는 못했지만, 그녀는 소설 속 주인공의 기구한 삶을 수필 속에 기필코 담아내었다. 이 작품에서 단연 눈길을 끄는 것은 '현실을 받아들이는 조건으로 그녀는 정신을 놓고 만 것이다.'라는 표현이다. 얼마나 무서운 현실이었기에 차라리 미쳐버리자고 생각했을까. 일편단심의 사랑, 그 힘이 궁금하지 않을 수 없다. 얼마나 사랑해야 저렇게 될 수 있을까. 이 작품을 쓰면서도 작가는 어김없이 체험으로 내재된 기억의 저장장치에서 '스키마'를 불러낸다. 삶의 질적 변화가 인간에게 반드시 행복을 안겨주는 것은 아니다. 편리의 획득만큼 그보다 더 많은 것을 잊고 잃어야 했기 때문이다. 작가가 과거의 기억을 통해 한 여인의 기구한 삶을 조명하고자 하는 것은 바로 비극적 삶의 시초를 근원적으로 차단하려는 이유 아니겠는가. 이 수필이 주는 가치는 등불로서의 교훈적인 가치 말고도 미적 쾌락을 안겨 준다는 데 있다. 적절한 삽화의 인용은 주제의 간접화를 돕는다.

결말부에 "중년을 넘어 몸도 마음도 쇠잔해질 만큼 세월이 흘러 편안한 이웃집 할머니가 된 그녀는 수년 진 하늘에 이르렀나. 광녀라기보다 그저 녹녹치 않은 인생을 살아나온 착하기만 했던 한 여인의 적敵은 다만, '붉은색, 붉은 깃발'뿐이었다."는 대목의 의미화가 문학성을 크게 견인한다. 이운순은 전쟁의 비극과 함께 "우리의 삶에서 가장 중요한 건 사랑이다"라고 이른다. 이 작품은 공감도의 측면에서도 성공하고 있는데, 결말에 앞선 전개부 말미쯤에서 작가의 시선이 그 소설 속 주인공의 내면을 향하고 있기 때문이다. 미칠 수밖에 없었던 상황을 그녀와 함께 나눠 가졌던 작가가 아닌가. 자기 남편의 사랑을 듬뿍 받고 사는 한 여자를 물끄러미 지켜보아야만 했던 이 여인의 아픔을, 돌아서서 혼자 울음을 삼켜야 했던 그녀의 인간적인 면모를 가슴이 찡하게 울려오도록 그려내는 글솜씨가 대단해 보인다. 이 수필의 백미는 마지막 결구 문단에 있는 한마디다. 붉은 깃발 모티프를 비유적 이미지로 도입하여 여인의 의식을 형상화한 작가의 미적 감수성은 소재 선택의 적절성과 함께 탁월한 안목으로 남는다. 가장 독자의 공감을 받는 부분이 이 의미화다. 인간에게 운명 지어진 모든 것을 갈등 없이 수용하는 삶의 태도가 더없이 아름답게 여겨진다.

언제까지나 어머니의 살아생전이 영원할 것 같아 늘 응석으로 일관했다. 그러나 어느 순간 중년의 휑한 벌판 같은 가슴을 자각했을 때 어머니는 내게 추억 속에 어머니가 되어 있었다. 그림처럼 누워있어도 어머니는 언제나 내게 비비고 싶은 언덕이었는지 모른다. 그리움의 계절 가을은 모든 것을 추억하게 만들고, 만추의 풍요로움은 더 진한 그리움으로 추억과 마주하게 한다. 그것은 계절병과도 같아 몰캉한 홍시나 황금빛 늙은 호박의 속살을 보아도 내 어머니가 떠올라 울컥 눈물 한소끔 쏟아내고야 만다.

그리고 지금, 나는 그리움의 정점의 기억을 떠올려 고집스레 어머니의 음식을 만들어 공허함을 달래는 작업을 지속적으로 하고 있다. 한여름 빗줄기가 사납게 지나간 다음날 해 주시던 야생버섯으로 끓이던 고추장찌개며, 밥하던 노구솥에 얹었다가 죽죽 찢어 무치는 가지나물도 노가리 찜

도 잊을 수가 없다. 그리움이 강물처럼 흘러내려 가슴을 적시는 날에는 어머니의 음식을 대하는 날이다. 나는 그렇게 오늘도 그리움을 먹고 추억을 먹고 짭조름한 눈물도 함께 먹는다.

〈그리움을 먹는다〉 중에서

모든 작품 속에는 고유한 설득의 논리가 내재한다. 독자가 작품을 읽고 감정이입에 몰입하는 것도 이런 내적 논리의 힘에 의해서다. 작가가 소재에 대한 심오한 성찰 끝에 자각하는 깨달음도 이런 내적 논리에 의해 획득된다. 〈그리움을 먹는다〉에 숨겨져 있는 미적 설득의 논리는 인연 논리다. 무엇보다도 아름다운 이웃의 미덕이나 미담을 추출하여서 렌즈 밑에 정착시키고 그것을 멋스럽게 확대시키고 있는 점에서 설득력이 배가된다. 그리움과 모성 원리 그리고 자아실현 욕구로 대별되는 세 줄기의 큰 흐름을 가지는 이운순의 수필 세계는 가슴 따뜻한 사람들과의 인연이 주가 되어 나타나면서 주로 잊을 수 없는 사람들의 이야기가 대세를 이룬다. 인간 속에서 살아가면서 부모와의 인연을 소중하게 여기고, 가슴이 따뜻한 사람들을 기억의 저장 창고에 쌓아두는 일은 가치 있는 일이다. 작가는 어머니의 사랑을 통해서 살아가는 지혜를 배우기도 하고, 그 가운데 자신을 반성하기도 하고, 사람답게 사는 방법을 아들에게 일러두기를 게을리하지 않는다. 그래서 그런지 이운순의 수필이 주는 전반적인 인상은 눈물겨운 따스함이다. 고요한 호수같이 평화로운 분위기요, 위대한 어머니의 품속 같은 이미지다. 그러기에 이 수필은 인간의 아름다운 마음이야말로 가장 고귀한 것으로 삶을 윤택하게 만든다는 사실을 인식하게 해준다.

생의 완성을 기대하는 자체가 무의미한 도전이라고 볼 수 있지만, 어느 정도 깨달음에 이르는 일도 한순간에 이루어질 수 있는 것도 아니다. 평범한 자체를 소중히 여길 줄 아는 작가야말로 진정한 의미의 가치를 아는 자다. 이런 가치관의 정립에는 무엇보다도 어머니의 역할이 컸다. 그래서 그녀는 지금도 고집스레 어머니의 음식을 만들어 아들에게 내어놓는다. '그림처럼 누워 계셨어도 어머니는 언제나 내게 비비고 싶은 언덕이었는지 모른다.'는 고백과 '몰캉한 홍시'와 '황금빛 늙은 호박의 속살' 이미지를 통해 이별과 만남의 의미를 변증법적으로 풀어내는 작가의 인생 체험적 이야기는 그녀의 추억 나누기라는 체험이 용해됨으로 인해서 더욱 튼실해진다. '나는 그렇게 오늘도 그리움을 먹고 추억을 먹고 짭조름한 눈물도 함께 먹는다.'는 마지막 문장이 가슴에 와락 안겨든다. 공감의 획득이다. 명제를 빛나게 하는 단정적 진술이지만, '먹고'의 반복적인 강조가 정서적 감화를 준다. 그리움의 미학을 환히 들여다보고 있기에 그녀는 '추억을 먹는다'고 자신 있게 말할 수 있는 것이리라.

설렘도 잠시, 종숙님의 메일 '별이 지다'라는 제목만으로 나는 그만 메일을 열어보기도 전에 눈자위가 붉어지고 목이 메어왔다. 종숙님께서 누구를 회고하시는지, 이 글을 쓰실 때의 종숙님의 심중이 어떠하셨을지 마

음이 닿자 그만 가슴이 답답해 왔다. 예기치 않게 훌쩍 떠나 이별을 고한 당신의 종제에 대한 원망과 회한을 어쩌시지 못해 그 비통하신 마음이 수필이 되어 화면을 채웠다. 통상적으로 하는 말처럼 몸도 마음도 약해진다는 높은 연세, 내년이면 희수가 되시는 어른에게 친혈육만큼이나 아끼던 사촌 아우에 부음이 얼마나 큰 충격이고 아픔이실까 눈앞이 흐려진다. 범인들의 시선으로는 두 분 종숙님 간의 우애를 가름할 수 없을 테지만 시집온 지 이십칠 년, 적지 않은 세월을 뵈어온 바로 감히 짐작 못 할 부분도 아니었다.

〈별星과 별別 하다〉 중에서

역사의 질곡 속에서도 유교적 전통이 쉽게 단절되는 것은 아니다. 이 수필은 그 전통의 맥락 위에서 한국 고유의 선비정신을 수필 쓰기로 보여준 문학, 철학적 지향의식과 작가의 심미안 속에 예리한 미적 내공이 숨어있다고 하겠다. 위 제목에서 그대로 드러났듯이 이 수필은 작가의 삶에 큰 영향을 주었던 시댁 어른 종숙님이 사촌 아우의 부음을 받고 쓴 수필 형식의 추모글에 대한 단상이다. 종숙 어른은 시댁 어른이지만 작가를 문우로서 대해준 분이다. 이 글은 평소 종숙 어른이 사촌 아우와 나누었던 뜨거운 우정과 삶에 끼친 영향을 문학적으로 간접화하면서 진한 그리움의 향기를 담고 있다. '아우를 보내는 배웅 길에서 당신의 남은 생애 동안 두 분이 함께 꿈꾸어오던 가문과 후손을 위한 사업들을 잘 마무리할 수 있도록 현몽을 해서라도 함께 하자는 말씀과 언젠가 꼭 다시 만나자는 종숙님의 말씀은, 밤하늘에 반짝이는 별들만큼이나 아끼고 사랑하던 그 아우와 언제까지나 함께하고 싶었던 종숙님의 마음이 담겨있음'을 확인하고, 작가는 자신을 문우로 대해준 종숙 어른에 대하여 존경을 표한다. 그럼으로써 그녀는 우리 사회의 지배적 가치로 작용했던 전통적인 유교적 이데올로기를 다시 조명해 보게 한다.

〈별星과 별別 하다〉에서 '별星'과 '별別'의 대응은 작가가 주제로 형상화해낸 정서의 빛깔이자, 심오한 성찰 속에서 획득된 언어의 이화 현상으로서 철학적 울림의 멋과 힘이라 하겠다. 거추장스럽고 귀찮기만 했던 시댁 어른들의 엄격한 교육을 '다시 보기'를 통해 사랑으로 변환시키고, 종숙에 대한 경의를 표하고 있는 작가의 모습에 우리는 박수를 보내지 않을 수 없다. 각박한 세상을 살아가는 최상의 지혜는 정의 교류가 아니겠는가.

정감이 흐르지 않는 인간관계는 삭막하기 그지없다. 이운순 수필가는 훌륭한 집안에서 성장해서 항상 따뜻한 구도자적인 자세를 견지한다. 그래서 과거를 통해 자신의 현재와 미래를 보는 휴머니스트 수필가이자, 패밀리스트가 아닐 수 없다. 대구 종숙과 서울 종숙 사이의 우정 속을 현미경으로 들여다보면서, 그녀는 가족의 인연을 소중하게 여긴다. '가문'과 '후손'으로 상징되는 유교적 가치를 가슴으로 껴안게 하는 작가의 인간미와 문장력은 그녀에게 에세이문예 작가상이 안겨진 것을 충분하게 증명하고 있다고 하겠다.

풍요 속에 빈곤이라고 모든 넘쳐나는 것들 속에도 내가 가질 수 있는 것은 한정돼 있다. 그런 사실은 이미 풍요를 겪어왔던 젊은 친구들에게 부족함이란 가일층 더 힘겨웠을 것이다. 대부분 부모의 경제적 뒷받침 아래 전력을 다해 공부에 매진해야 할 공부를 조카는 먼 이국땅에서 일가를 이루고 학위도 쟁취하느라 남들보다 더 힘들었을 것이다. 그러나 다른 한편 어렵고 힘든 과정 속의 사랑하는 가족이 곁에 있었다는 것만으로도 힘을 얻고 심리적 안정 속에서 이루어냈으리라는 생각을 해본다. 평소의 선입견으로 유학파들은 모두 부모 덕에 편히 공부하다 온 사람들일 거라는 나의 편견과 경험해 보지 못하고서 추측만으로 단정했던 나를 반성한다.

〈고백〉 중에서

수필은 가장 진솔하고 자연스럽게 자신의 삶을 담는 그릇에 비유된다. 수필은 단순히 경험한 것을 이야기로 써서는 안 된다. 수필 쓰기를 통해 삶의 의미와 가치를 창출해야 하기 때문이다. 작품 〈고백〉은 작가의 인품과 덕성이 거울에 비치듯 드러나 있다. 조카와 질부에 대한 새로운 인식이 이를 증명한다. 발단부 서두를 '몰랐습니다.'로 시작하면서, 그녀는 해외 유학파에 대한 오해가 있었음을 미리 암시하고 있다. 조카와 질부에게 보내는 작가의 인정 어린 눈길이 감동을 주는 수필이다. 갑상선항진증을 앓고 있는 질부에게 보이는 연민과 발전을 기원하는 마음이 곱기만 하다. 연구원의 적은 월급으로 네 식구를 부양하느라 고생했던 조카를 추어올리며, 그들을 위로하고자 하는 그녀의 따뜻한 마음이 사방을 온기로 가득 채운다. 인간 사랑에 대한 이야기는 수필의 향기다. 무엇보다도 큰 감동을 주는 요소다. 어떤 작품보다도 이 작품에는 작가의 인간적인 면모가 잘 드러난다고 하겠다. 직계 가족도 아닌 집안사람들의 전도를 걱정하는 작가의 훈훈한 인간애에 독자들은 감동하지 않을 수 없다. 맑은 마음속에 목련을 피워낼 수 있는 심성의 소유자가 아니면 불가능한 일들이 수필화되어 현실로 나타난 것에 우리는 안도할 수밖에 없다.

이운순의 수필은 한마디로 정으로 짜인 천이다. 그녀는 다양한 인간관계 속을 헤집고 다니면서 그 인연을 소중하게 감싸 안고 아름다운 인생이란 한 필의 비단을 짜고 있는 직녀인 것이다. 건조한 현대적 인간관계를 사랑의 빛깔로 채색하면서 그 위에 신록의 향유를 발라 부드럽게 하는 그녀의 성자적 삶의 태도는 마땅히 오늘을 사는 우리가 본받아야 할 표상이 아닌가 여겨진다. 그늘진 곳에 대한 연민이 노정된 이 글은 인간적 삶의 소중한 경험이요, 수필가는 그 경험의 전파자임을 말해주고 있다. 오늘을 사는 우리에게 진정으로 필요한 것은 잔잔한 감동을 만들어낼 수 있는 이런 사랑의 자세가 아닐까. 이 수필은 정이 메말라가는 현대인에게 뜨거운 인간애를 호소한다. 글은 곧 그 사람 자신이다. 그녀는 무거운 주제를 가지고 우쭐거리기도 현학적인 언변으로 뽐내지도 않는다. 마음을 열고 이웃과 호흡하며 맺은 인연을 삽화로 엮어 그려가는 일에 충실하기에 감동을 주는 수필을 쓸 수 있었던 것이다.

2. 회상과 공간의 아름다운 무늬

수필의 공간은 작가가 관찰하고 회상하고 상상하는 대상과 그 대상이 있는 곳이다. 이운순 수필의 공간은 가족과 함께했던 삶의 현장이다. 2000년 에세이문예 가을호 신인상 당선작인 〈나도 안다〉의 '어쩌면 티격태격하는 그 속에서 가족 간에 정도 더 두터워지고 크고 작은 일들을 함께 견디고 이겨내며 가족 간에 결속이 다져진다는 것도 이젠 나도 알 것만 같다. 평소 무심하기만 한 남편도 점점 자라서 곧 둥지를 떠나게 될 우리 아이들도 새삼 더 소중하고 건강한 오늘을 살고 있음을 감사하게 생각하지 않을 수 없다. 이미 우리 곁에 계시지 않는 부모님을 추억하며 진정한 가족애를 되짚어보는 이 시간 또한 부모님께 감사한 일이 아닐까.' 라는 대목을 보면, 그녀의 수필에서 가족은 필연적으로 자주 나타날 수밖에 없는 것이다.

가족해체는 비인간화와 같은 도시적 병리 현상으로 이하여 파생될 수 있다고 할 수 있겠다. 가족애는 살아있음의 소중함을 우리에게 가져다주는 일종의 아름다운 의식의 성찬이다. 그것은 새로운 자기 탐색을 위해서도 보람 있는 일이지만 아름다운 삶의 영토 확장에도 바람직한 일이다. 또한 그것은 얽매인 일상의 생활에서 새로운 창조의 기쁨을 누리는 희열이라고도 할 수 있다. 여기에는 필시 가족주의의 원리가 작용하고 있을 것이다. 특히 모성 체험과 같은 자녀와의 관계성은 여성의 도덕적 인식을 구성하는 요체다. 여성에게는 무조건적이고 희생적인 모성을 요구하는 어머니라는 위치가 가장 확실하게 그녀에게 존재의미를 부여하고 있다. 이운순의 수필에서 여성의 임무는 가족 구성원을 돌보고 그들에게 정서적 안정을 제공하는 사회적 통념을 의미한다. 이운순 수필은 한 가정의 어머니로서, 며느리로서의 전통적 지위와 역할을 거부하지 않는 데서 모정의 원리가 뜨겁게 솟구친다고 하겠다.

당시를 떠올려 굳이 경위를 찾아보자면 내 몸보다 더 큰 항아리를 들여다보고 쌀을 떠낸다는 것이 첫 번째 무리수였고, 또 더 큰 우를 범하게 된 것은 박의 두툼한 손잡이 부분을 잡지 않고 오래도록 써서 닳고 닳아 얇아진 날을 쥐고서 헛손질을 했기 때문일 것이다. 기억을 더듬어 혹시 쌀이 많지 않아 바닥을 향해 헛손질을 한 탓이었을까 싶기도 하지만 쌀이 중간쯤 차 있어도 상황은 변하지 않을 것이다. 이미 오랜 시간 집기로서의 일을 다 해 얇아진 박의 상태를 알지 못한 어린애의 실수는 변하지 않으니까, 무엇이든 아끼고 절약하며 살던 시절, 그러나 어머니께 꾸중을 들었던 기억은 떠오르지 않는다. 세세하게 듣지 않고도 어머니는 모든 정황을 간파하셨을 것이다. 어린 딸아이가 어떤 마음으로 쌀을 퍼내려 했다는 것을 당연히 아셨을 어머니는, 조각난 손때 묻은 집기의 애틋하고 허전함을 딱 그만큼만 표현하셨던 것 같다.

〈조표자가〉 중에서

이 수필은 작가가 최명희의 『혼불』을 읽다가 중반 부분쯤에서 '조침문'과 유사한 이야기를 접하고, 그것이 어릴 적 자신의 과오와 유사하다는 데 착안하여 그 제목도 멋진 〈조표자가〉가 되었다. 이 작품에는 '박'에 얽힌 작가와 어머니와의 일화가 모성원리를 감싸고 있다. 어린 날, 어린 몸에 지나간 기억들을 주워 모아서 한 편의 수필로 만들었다. 이 작품 역시 시대의 밑그림이 잘 그려져 있다. 작가가 초등학교를 채 졸업하기 전이라 시골 풍경이 파노라마처럼 펼쳐진다. 작가 자신이 가장 영향을 많이 받았던 친정어머니, 헌신과 희생을 훈장처럼 달고 어머니의 자리, 아내의 자리를 운명으로 받아들여야 했던 한국 여인들의 삶을 '박'을 통해 잘 전해주고 있다. 누구나 사람이 나이를 먹기 시작하면서 첫 번째로 겪게 되는 것은 어릴 때 멋모르고 지은 잘못과 그것으로 받는 죄책감의 아픔이다. 시간이 지나면 사라질 줄 알았던 그 일이 사십 년이 지난 지금에도 사라지지 않아 비슷한 것만 봐도 조금씩 아픔의 실체를 만나게 된다. 아픔만큼 성숙해지기에 이러한 과정은 남은 자의 영혼을 살찌게도 한다.

작가는 '박'을 보면서 고향을 떠올리고 초가를 떠올리고 어머니를 떠올린다. 딱히 부잣집은 아니어도 반듯한 정신으로 살다 간 고인의 모습을 반추하며 자신의 삶도 반듯하게 세우고자 한다. 이 수필에 나타나는 문학적 논리는 기본적으로 주어진 세속적 삶의 범주 속에서 바람직한 인간상 찾기와 무관하지 않다. 이러한 문학적 논리는 엘리아데의 주장처럼 속의 세계에 살면서 성의 세계로의 변증법적 지향의식을 추구하는 형태로 나타나기도 한다. 이러한 문제의식으로 볼 때, 딸의 잘못에 대응하는 어머니의 태도는 인간적이라고 할 수 있다. 주어진 존재 조건 속에서 바람직한 인간성을 모색하는 것이 문학적 구원을 위한 변증법적 설득논리와도 연결되어 있어 감동을 준다.

그 후 이틀 동안 난 몸살처럼 몹시 아팠다. 물론 집에 돌아와 청심환도 먹고 애써 평온한 척했지만, 또 남편에게 그렇게 빨리 달려와 줘서 고맙다는 말도 못 했지만, 두고두고 생각해도 불가사의하다. 남편은 어떻게 그렇게 빨리 달려올 수 있었을까? 구불구불 동네 소로를 촌각을 다투고 달려와 준 남편에게 평생에 다 갚지 못할 빚을 진 셈이다. 그리고 못난 아내가 형제자매들로부터 자칫 평생의 죄인으로 남지 않게 해준 것에도 나는 아직 입을 떼지 못했다. 못난 딸로 인해 늙으신 노모께 잠시나마 불효를 저질렀고, 남편으로부터 다시는 엄마한테 이것저것 갖다 드리지 말라는 일장연설을 들어도 그저 다 고맙기만 하다.

소나기는 피하고 볼 일 이랬다. 오라비에게 혼날 게 두려워 며칠 뒤 친정엘 가보았다. 어머니는 엊그제 일은 모두 잊으셨는지 아무 일 없던 것처럼 전보다 더 아이처럼 밝게 웃어주신다. 그리곤 오랜만에 본 외손자에게서 눈을 떼지 못하시는 어머니, 한바탕 나쁜 꿈이라도 꾼 걸까? 아무 일도 없었던 양 찾아온 오늘의 평화가 너무 감사하고 꿈만 같다. 이것이 내가 내 남편에게 꼼짝 못 하는 제일 큰 이유다.

〈찰나의 그 하루〉 중에서

오랜 문학의 역사 속에서도 구원은 작가들의 중요한 탐구대상이 되어 왔다. '어머니'이란 말은 듣기만 해도 쓰기만 해도 따스함이 전해지는 구원의 말이다. 이 수필은 자신의 실수로 위기에 빠진 순간을 남편이 건져준 일화를 바탕으로 쓴 것인데, 작가는 남편에게 평생 갚아도 모자랄, 그간의 모든 서운함을 상쇄하고도 남을 만큼의 큰 빚을 지고 평생을 '나 죽었다고' 살아야 할 사건이었다고 고백하고 있다. 대체 무슨 사건이길래 내용이 궁금하게 하는 멘트가 아닐 수 없다. 물론 남편의 고마움이 겉주제라면, 속주제는 어머니에 대한 사랑이다. 어머니의 사랑만큼 고귀한 것도 이 세상에는 없다. 무조건적이고 맹목적이기 때문이다. 사랑은 연민의 다른 말일 수도 있고, 공유하지 못한 것에 대한 그리움일 수 있다. 운명을 소중히 여기며 사는 이운순의 이 수필을 통해 느낄 수 있는 맛에는 인연의 소중함뿐만 아니라 모성의 향기도 남편에 대한 사랑의 표현도 은근히 있다.

공기와 물보다 더 우리에게 소중한 것은 없다. 그러나 그것이 항상 우리 곁에 있어 소중함을 모르듯 부부지간의 보이지 않는 사랑도 지나쳐버리기 일쑤다. '오늘의 평화가 너무 감사하고 꿈만 같다.'는 이 일성이 공허한 메아리가 아니거늘, 그녀의 너무나 인간적인 에다심과 솔직한 심사는 우리의 눈물샘을 사뭇 자극한다. 호빵으로 인해 어머니의 위기 상황을 남편의 기지로 모면한 작가의 이제야 남편을 고마워하게 되었다는 이야기와 함께 평생 죄인이 될 뻔했던 찰나의 순간이 리얼하게 잘 그려져 있다. 이 작품은 어려운 시대, 가족의 아름다운 풍경화를 '호빵'을 소재로 해서 잘 반추하고 있다. 이 일이 있고 일 년 후 어머니를 보낸 이운순의 수필은 사랑의 의미와 생의 의미를 함께 깨닫게 하는 내용이 담담하게 그려져 있다. 누구든 모든 인간에게 과거는 그리움의 대상일 수밖에 없다. 특히 어머니는 더욱 그렇다. 어머니의 뱃속은 모든 이들의 영원한 본향이기 때문이다.

내가 그리워하던 다듬이소리의 주인공이신 어머니는 구순九旬까지 사셨다. 그러나 시대 흐름의 따라 훨씬 이전부터 어머니는 다듬이를 놓아 종래 들을 수 없는 소리였다. 꽃무늬며 체크무늬의 폴리에스테르, 화학섬유가 섞인 원단의 생산은 더 이상 다듬이질이 필요하지 않은 획기적인 변화로 어머니들의 일손을 덜어주고 보기에도 화사한 신문명이기도 했다.

중년에 접어들면서 어머니의 소리가 그리워지기 전까지 그랬었다. 내 기준으로 볼 때 다듬이소리야말로 악보도 없이 어머니의 어머니, 또 그 어머니에게서 살뜰하게 이어져 여인들에게 계승되어온 훌륭한 악기요, 연주라고 늘 생각했었다. 지금도 눈 감고 들으면 꼭 지금같이 바깥 날씨가 조금 선듯해지고 더위가 한풀 꺾인 여름날 겨우살이 준비를 하는 정경으로부터 시작된다. 이불 홑청 빨아 서걱서걱 소리 나게 풀 먹인 홑청을 두드리시던 내 어머니와 이웃들의 다듬이 소리가 청량한 밤공기를 흔들던 시절은 흑백영화의 한 장면처럼 추억 속에 존재한다. 가끔 어머니가 곁에 계시지 않은 현실에서 어머니를 매일 생각하고 그리워하지 않는 것에 놀라지만, 문득문득 어머니가 사무치도록 그리울 때 추억여행을 떠나게 된다.

〈소리〉 중에서

이운순의 수필에서 어머니의 '다듬이소리'는 아프고, 힘들 때, 달려가는 피안의 세계였다. 이 수필은 이런 '다듬이소리'를 제재로 사랑을 주제화했다. 삼단 구성이 확연이 드러나는 점이 접근성을 높인다. 작가는 단조로운 구성의 변화를 위해 글에 탄력성을 주고자 한다. 이 수필의 서두는, "딱 딱 딱 딱 또드락 똑딱/ 또드락 또드락 또드락 딱 딱", 눈물을 뽑아낼 만큼 리얼한 다듬이소리를 기억해 낸 최명희 작가에 대한 감사로 시작한다. 전개부에서는 제대 후 복학한 큰아들이 『토지』와 『혼불』 같은 책을 도서관에서 대여해 주어서 읽다가 다듬이소리를 만나고, 비로소 어머니를 만나고 어머니를 안을 수 있었다고 고백하고 있다. 작가에게 다듬이소리야말로 악보도 없이 어머니의 어머니, 또 그 어머니에게서 살뜰하게 이어져 여인들에게 계승되어온 훌륭한 악기요, 연주였다. 결말부에 가서 작가는 다시 다듬이소리를 한 번 더 놓는다. 작가는 얼마 전 인근 식당에서 보았던 다듬잇돌을 보며, 다시 어머니를 그리워한다는 내용으로 이 수필을 마무리 짓는다. 이 작품의 미적 조직 원리는 객관적 상관물이다. 어머니의 성격과 삶의 방식을 객관화시켜 보여주기 위해 비유적인 관점에서 이미지의 유사성을 지닌 다듬잇돌을 보조관념으로 도입한 것이다. 이러한 객관적 상관물의 선택은 이 수필의 문학적 격조와 풍격을 창조하는 데 결정적인 역할을 한다.

맑고 청아한 겨울 하늘은 왠지 아버지를 닮아 더 슬프다. 누구든 슬픔이 없는 사람은 없겠지만, 점점 희미해져 가는 기억 속에 엄격해서 더 고독했

던 내 아버지를 가끔 그려 보곤 한다. 이 세상에 나를 있게 해 준 사람, 내가 보고 만지고 느끼고 맛보는 모든 것이 다 그분으로부터 기인했으니 내겐 아버지가 조물주요 신이요 절대자이시다. 그런 내 아버지가 세상에 나신 날도 추운 계절이요, 떠나신 그날도 새봄이 시작되려고 막 기지개 켜던 2월의 중순, 꽃샘추위로 모든 세상이 얼어붙던 그날을 나는 아직도 생생하게 기억한다. <발단부>

아버지의 유교식 교육 방침에 대해 아직도 논박의 여지는 있다. 나 또한 그런 아버지를 다 이해하고 사랑했었는지 자신할 수 없다. 어리고 철이 없었다는 말로 정당화할 수 없는 어린 시절이 못내 후회로 남는다. 철이 좀 더 일찍 들어 아버지를 잘 이해해 드렸더라면 어땠을까. 다른 사람들의 바르지 못한 평판에 조목조목 반박할 수 있을 만큼 아버지를 이해하고 좀 더 사랑하고 이해했어야 했다. 그랬더라면, 그랬었더라면 아버지의 말년은 덜 외로우셨을 것이고 시리고 아픈 이 계절의 회한도 없지 않았을까. 올해도 이렇게 시린 아버지의 계절이 끝나가고 있다. <결말부>

〈아버지의 계절〉 중에서

사람이 살아가는 데 있어 가장 중요한 과제는 사랑과 행복이 아닐까. 사랑에는 여러 가지가 있다. 그중에서도 가장 의미 있고 소중한 것은 아버지와 딸 그리고 부부와의 만남이 이루어내는 사연이다. 이윤순의 수필에 보이는 특징 중 하나는 '아버지'도 어머니 못지않은 비중으로 기억되고 있다는 것이다. 그것은 양친이 그녀의 가슴 안에 뚜렷한 사랑을 심어주었기 때문이다. 그러하기에 때로는 삶이 버거워 가슴이 휑뎅그렁해질 때 그분들에 대한 아늑하던 추억은 작가의 마음속 버팀목이 되어 따스하게 들어앉곤 한다. 이 작품에서 발견되는 미의식은 숭고미와 비극미의 양면성을 띤다. 숭고미는 엄숙한 중량감과 초월적인 정신적 높이를 내포한다는 점에서 작가에게는 존경의 대상이다. 이와는 달리 변모한 시대 환경 속에서 자존심을 지키면서 꿋꿋하게 살아가려고 안간힘을 쓰는 아버지의 모습에서는 연민의 비극적 정서가 비친다. 아버지의 이러한 숭고미와 비극적 정서는 대립적인 양가감정을 일으키면서 오히려 강조되고 확산된다. 이 수필은 주로 아버지를 둘러싼 끈끈한 삶의 이야기를 미학적으로 형상화시키는 것을 특색으로 한다. 이운순의 인간적 향내는 인연에 대해 그리움을 흘리는 모습에서뿐만 아니라 아버지라는 절대적 존재 앞에서 회고적 그리움에 젖어들면서 자신을 반성적 성찰대 위에 올려놓는 데서 발견할 수 있다. 아버지에 대한 이해와 세상을 산 연륜은 비례한다는 말이 있다. 어릴 때는 어머니만 절대적인 존재이나 어느 정도 세상사에 익숙해지면 시집간 딸들은 아버지에 대한 사랑을 느끼게 되고 비로소 이해의 눈을 뜨게 되는데, 작가도 마찬가지다.

위의 수필은 냉혹한 이성으로 글을 쓰는 작가이지만 아버지라는 이름 앞에서는 그녀도 한 사람의 딸이고, 정을 흥건히 적시고 사는 인간일 수밖에 없음을 확인하는 글이다. 그녀는 아버지를 그리움의 대상으로 삼으면서 또 한편으로는 반성적 성찰로 자신의 아픈 과거를 가슴에서 지워내고 있다. 그녀는 아버지를 일러 '이 세상에 나를 있게 해 준 사람, 내가 보고 만지고 느끼고 맛보는 모든 것이 다 그분으로부터 기인했으니 내겐 아버지가 조물주요 신이요 절대자'로 명명하고 있다. 이런 진술을 토대로 볼 때, 이 수필은 그녀의 인간적 체취를 배태케 하는 작품이라고 할 수 있다. "점점 희미해져 가는 기억 속에 엄격해서 더 고독했던 내 아버지를 가끔 그려 보곤 한다."는 발단부 문장부터 분위기를 무겁게 하는 이 작품은 우리가 풀어야 할 진정한 사랑에 대한 해답을 준비하고 있기에 소중하다고 하겠다. 인간의 정 중에서 가장 절실하고 애절한 것은 혈육에 대한 그리움이다. 딸이 망자에 대한 그리움을 이어가는 모습은 한국적 정서로 볼 때, 너무나 아름다운 일이다. 특히 근원적 관계에 대한 애정은 우리를 아프게 한다. 피를 나눈 혈통이라는 운명적 이유 때문이 아니라, 상호 간에 존재했던 많은 벽으로 인해 그녀는 아버지가 부끄러웠던 철없는 딸이었다. 유교라는 이데올로기가 상호 간에 소통을 앗아갔기 때문이다.

3. 안주하는 삶에 대한 거부의 몸짓

수필의 주제는 정말 사람답게 살아가려는 사람들이 생각해야 하는 문제, 가슴 깊이 담아두어야 할 가치 있는 문제를 제기하는 방향성을 가져야 하는 것이다. 이운순의 수필은 인간이 어떻게 살아야 하는지를 올바르게 제시하고 때문에 가치가 있다. 이런 측면에서 수필가는 워드워즈가 말한 "모든 시인은 교사다"라는 말을 음미해 봤을 것이다. 수필은 인생을 새롭게 해석하고 이해

시킴으로써 바른 인생의 길을 제시해야 하는 것이다. 즉 사람답게 사는 길이 무엇인가에 대한 모색이 있어야 한다. 더 이상 '개인적'이라는 이유로 사실에 머물러 보편성을 획득하지 못하거나 새로운 가치를 발견하지 못하면 좋은 수필이 못 된다. 이운순은 이런 차원에서 끊임없이 시간의 관성에서 벗어나 자기실현을 위해 노력해 온 작가라 할 수 있다. 왜냐하면, 그녀의 수필은 자기를 찾아 나서는 여행이기 때문이다.

사람은 누구나 자기에 관한 관심을 버리지 않는다. 후설에 의하면, 의식은 항상 어떤 대상과 관계를 맺으며, 그것에 어떤 의미 규정을 부여하는 성질을 가지고 있다. 세상에 존재하는 모든 것을 자기를 위한 소도구로 알고 살기 때문이다. 이러한 경우에 수필은 나름의 사명을 다 할 수 있는 터전으로서 좋은 도구가 된다. 이운순에게도 예외는 아니다. 자기의 존재해명 없이 글을 쓸 수 없고, 자아실현의 의지 없이 좋은 인간이 될 수가 없기 때문이다. 수필은 삶에 관한 관심과 그 의미를 표상하는 형태와 관념의 모습이다. 그중에서도 관심의 대상이 되는 것은 자기 자신이다. 모든 것은 자신에 의해 비롯되고, 갖추어 가는 것이기 때문이다. 따라서 이운순 수필 세계의 마지막 줄기는 그녀 자신만의 흔적이다. 그녀가 그리고 품어내는 그녀만의 빛깔과 향기라 하겠다.

지금 이 시간, 이 낯선 곳에 서 있는 나는 누구인가? 낯선 곳 낯선 길의 서 있는 내가 또 낯설다. 내 나이 오십 고개를 훌쩍 넘었다. 뭔가 유용한 소일을 찾다가 생각해 낸 것이 작년 초 방송대의 적을 두게 된 일이다. 뭔가

끊임없이 앎을 추구한다는 것은 분명 진취적인 사고의 소산물이다. 중년기 무료함의 돌파구였고 작은 도약을 위한 발돋움이었다. 그러나 새로운 앎의 희열만큼이나 일하는 즐거움 또한 거기에 비견할 수 없어 작은 중소기업에서 낮 시간을 보낸다. 그런 날 중에 오늘은 유명 교수님의 교양과목 특강이 있다는 정보를 듣고 설렘 반, 기대 반으로 생애 처음 뚝섬을 찾은 것이다.

〈낯선 길에서 길을 묻다〉 중에서

수필은 가장 진솔하고 자연스럽게 자신의 삶을 담는 그릇에 비유된다. 수필은 단순히 경험한 것을 이야기로 써서는 안 된다. 수필 쓰기를 통해 삶의 의미와 가치를 창출해야 하기 때문이다. 작품 〈낯선 길에서 길을 찾다〉는 작가의 인품과 덕성이 거울에 비치듯 드러나 있다. 사람은 생활하는 모습에서나, 생각하는 면에서 거의 비슷하다. 대부분의 사람들은 자신과 밀접한 것, 본질적인 것에 소홀히 하는 수가 많다. 나는 누구인가, 인간은 왜 사는가 하는 실질적인 관심거리를 도외시한다는 것이다. 그러나 이운순은 이런 사람들과는 근본적으로 다르다. 수필가는 자기 존재를 먼저 해명해야 좋은 수필을 쓸 수 있다는 것을 알기 때문이다. 이 수필을 이 책의 제일 처음에 배치한 것도 큰 의미를 갖는다고 하겠다. 수필이 인생을 그리는 글이고, 산다는 것은 길을 찾아가는 여정이기 때문이다. 어떤 작품보다도 이 작품은 작가의 인간적인 면모를 잘 드러낸다고 하겠다.

“내 나이 오십 고개를 훌쩍 넘었다. 뭔가 유용한 소일을 찾다가 생각해 낸 것이 작년 초 방송대의 적을 두게 된 일이다.”라는 진술에서 알 수 있듯이 그녀는 만학도다. 뿐만 아니다. 그녀의 도전은 여기서 끝나지 않는다. 지리산 종주라는 새로운 모험을 감행했다. 싸르트르는 인생은 알파벳 C와 D 사이에 있다고 했다. 그녀는 인생의 정답이 C(Challenge) 도전임을 잘 안다. 도전을 소중하게 감싸 안고 아름다운 인생이란 한 필의 비단을 짜고 있는 그녀는 직녀인 것이다. 무미건조한 삶을 열정의 빛깔로 채색하면서 그 낯선 길 위에서 흙길도, 자갈길도 다 받아들이겠다는 여유로운 승자적 삶의 태도는 마땅히 오늘을 사는 우리들이 본받아야 할 표상이 아닌가 여겨진다. 글은 곧 그 사람 자신이다. 무거운 주제를 가지고 뽐내도 안 된다. 이운순의 글처럼 마음을 열고 세상과 호흡하며 살아가면서, 긍정의 마음을 그려가는 정스민 수필들이 가장 아름다운 작품이 아니겠는가.

조선말의 문신, 학자, 애국지사, 그 많은 수식어는 그만두고라도 항일운동 중에 일본의 체포되어 대마도 유배지에서 순국하기까지의 고결하신 인품에 '따위'라는 부정적 단어가 쓰인 것도 짐짓 화가 나고 속이 상한데 용기를 내서 수정 제의를 했음에도 소정의 절차를 거쳐 정정될 것이라는 말에 막연하게 기다리는 내가 점점 작아지고 초라해진다. 담당자는 나에게 '어떤 절차가 진행 중이어서 늦어지고 있다.'던가, '검토 결과 정당하게 쓰인 단어라고 합니다.'라는 식의 자신들을 정당화시키는 일련의 사정까지도 내게는 알릴 의무가 있지 않을까.

도대체 내가 한 일은 무엇이었나? 해명 한마디 없이 시간은 무수히 지나가고 잘 되리라던 그 담당자의 말만이 공허하게 귓전을 떠돈다. 아직도 종무소식인 그들에게 한껏 격앙된 목소리로 나무라고 싶다. 따위라니! 따위라니?

〈따위라니〉 중에서

지금까지 읽은 수필이 경수필이라면, 이 수필은 약간 중수필이다. 언어인 말은 존재의 집이다. 인간은 누구나 말 속에서 산다. 바른 용법으로 글을 쓴다면 분명 독자들을 감동으로 초대할 수 있을 것이다. 삶의 폭과 깊이는 자신이 지닌 어휘의 깊이와 폭을 넘을 수 없다. 화장하는 것이 자신의 외면을 변화시키려는 노력이라면, 외면에 드러나지 않는 정신의 표현인 말을 바르게 쓰도록 변화시키는 것이 문인의 역할이 아니겠는가. 작가는 사전에 존경하는 애국지사 면암을 설명하는 글 중에 '저서에 『면암집』 따위가 있다.'라는 표현을 발견한다. 이 수필은 '따위'의 부정적인 어감에 이의를 제기하고자 작가가 국립국어원 사전편집자에게 수정제의를 전달하였으나, 아무런 해답이나 조치가 없는 것에 대한 비판적인 입장을 드러내고 있다. 공직자가 상대를 무시해 버리고 자신의 입장에서만 생각하며 입을 다물어 버린다면 국민을 우롱하는 처사가 아닐 수 없다. 문학하는 생활은 자신의 정신을 변형시키는 내면의 화장이다. 외면인 육체는 다만 정신의 하수인일 뿐이다. 언어의 변화는 곧 그 사람 정신의 변화요, 정신의 표현이다. 잘못된 것을 바로 잡으려는 노력에 경의를 표한다.

발표를 기다릴 것도 없이 이미 마음은 정리되었다. 결과는 분명한 실패였고 처절하게 나락으로 떨어졌다. 생각보다 충격이 작았던 것은 내가 최선을 다하지 않았을 것이라는 것이다. 시간이 지나고 마음을 가다듬으니 문제점이 하나둘 보이기 시작했다. 무엇보다 자료를 수집하고 준비하는 과정이 생략된 것이다. 창작의욕만 앞세운 신중하지 못했던 나의 허점들, 그중 가장 큰 실수는 다른 작가 지망생들의 오랜 노력을 터부시했거나 그들의 노력을 간과했었다는 것이다. 결과는 신중하지 못했던 나의 행동에 대한 처절한 응징이었고 질책이었다. 실패가 매양 실패로 끝난 것이 아니라는 것은 비록 도전이 실패로 끝났다고는 해도 성찰의 기회가 되었다는 것만으로도 성과는 충분했다고 믿는다.

성장기 우연한 기회에 접했던 작품으로 평생 잊을 수 없는 감동을 받았듯이 할 수만 있다면 나도 누군가에게 감동을 주는 글쟁이로 기억되기를 소망하였다. 오랜 시간이 흐른 뒤 지금의 나를 기억할 것이다. 그해 쉰 살의 겨울은 나름 진취적이었으며, 원고를 안고 우체국으로 향하는 동안 평생 잊지 못할 희열을 경험했었노라고, 그와 함께 처절하게 나락으로 떨어졌던 순간들마저 모두 아름답게 추억할 수 있지 않을까.

〈나락〉 중에서

수필도 문학작품이므로 궁극적으로는 미의식으로 독자를 설득해야 한다. 수필은 철학적 인식의 대상이면서 미적 향수의 대상이다. 그래서 신춘문예 수필의 관문은 오랜 시간의 기량을 요구한다. 수필이 문학의 한 장르로 존재하기 위해서는 그것이 설명의 나열에 그쳐서는 안 되고 표현되어져야 하는 바, 그 효과적인 표현을 위해서는 기교가 없는 듯하면서도, 실은 없는 듯한 기교가 내재되어야 한다. 이운순이 신춘문예에 낙방하고 간결하고 소박하며 함축적인 언어가 만들어내는 감칠맛과 여운, 담백성과 격조 등에 신경을 쓰는 이유가 여기에 있을 것이다. 이 작품은 작가가 신춘문예에 도전했다가 낙방했던 경험을 반성적 성찰을 통해 끌어낸 글이다. 이운순의 이 수필을 이루는 하나의 견고한 줄기는 '자기응시'라고 할 수 있다. 그녀는 수필창작을 통해 자기를 응시하고, 나아가 성찰을 도모한다. 종국에는 수필이 단순히 이야기의 예술이 아니라 미의식이라는 프리즘을 통해서 인간과 자연, 우주의 이야기를 통찰하는 미적 사유의 예술임을 인식시키는 데 있다고 하겠다.

문학도였던 그해 쉰 살의 겨울을 작가는 잊지 못한다. 나름 진취적이었으며, 원고를 안고 우체국으로 향하는 동안 평생 잊지 못할 희열을 경험했었노라고, 고백하는 작가에게 삶은 도전이었다. 그녀는 수필을 자기 응시의 수단으로 해서 먼저 자기를 구원하고자 하는 것 같다. 처절하게 나락으로 떨어졌던 기억마저도 추억으로 돌릴 수 있었던 것은 구원성에 그 기반을 두고 수필을 쓰고 있었기 때문이라고 볼 수 있다. 작가의 행동이나 고백은 궁극적으로 그녀의 철학이나 성격에서 나오는 것이지만, 신춘문예 탈락한 사실을 뒤늦게나마 수필작품으로 고백하는 것도 쉬운 일은 아니라는 점에서 그녀의 인격과 품격을 돌아보게 한다. '나락'은 다른 사람이라면 지울 수 없는 상처로 남았겠지만, 그녀는 그 부끄러움을 용기 있게 밝힘으로써 수필의 진솔한 맛과 수필가의 여유와 격조를 보여준다. 자신이 도전했던 삶만큼 소중한 경험도 없다. 그렇기에 이운순의 수필은 어떤 수필보다 진지하게 읽힌다.

> **도대체 누구를 위한 도로 증설인가. 인간의 최적 조건에 맞는 배산임수는 아니더라도 오랜 시간 이웃을 형성하고 마을을 이루며 살아온 사람들에게 토지보상과 건물값을 산출해서 지급하는 수순만으로는 그들에게 위로가 되지 않는다. 적법한 절차에 의해 보상이 이루어진다고 그들은 단언하겠지만, 보상가가 얼마이든 누군가에게는 온전한 삶의 터전이거나 혹은 일부이거나 하는 것들에 임의적인 가치를 정하고 논할 수 없는 일 아닌가. 도시계획, 도로 건설 계획이라는 대의명분과 모두를 위한 공익사업이라는 감언으로 회유하니 소중한 내 것을 내어주고도 쫓겨나가는 듯한, 속내를 감출 수 없다. 국가 혹은 지방 사업에 대해 일 개개인이 그들이 하는 일을 무산시키거나 저지하려는 것은 아니다. 그럴만한 여력도 힘도 없지만, 그들에게는 보상액의 대가를 바라는 제스처쯤으로만 보일 뿐 그 어떤 효력도 발생할 리 만무하지 않은가.**
>
> **〈벌써 그리워진다〉 중에서**

이 작품은 작가의 따뜻한 감정이 대상과 상호 삼투되어 동일시를 이루고 작품 속에 자기를 용해시켜내는 데 성공함으로써 공감과 감동을 획득하고 있는 수필이다. 무엇보다도 삶에 있어 중요한 가치를 수필적 기반으로 삼고 있다는 점에서 매력적이다. 작가의 눈이 토포필리아로 그윽하다. 인생에는 소중한 것이 참으로 많다. 그러나 조상과 부모가 대대로 살아온 땅만큼 더 소중한 것은 없다. 왜냐하면 그곳은 어머니의 품속 같이 포근한 생명의 본향이기 때문이다. 자연을 외면한 삶은 겉으로 보아 화려하고 찬란한 것일지라도 항상 비어있고 시장한 것일 수밖에 없다. 도시화와 산업화로 인정이 결핍된 삶은 겉으로 보아 그것이 성공한 듯이 보이는 것일지라도 결과적으로 패배요, 헛된 것이라고 할 수밖에 없다. 그러므로 순수 자연에의 지향이나 그 실천 의지가 없는 인생은 작가에게 있어서 실로 아무 것도 아닌 것이다. 이토록 귀한 것이 본향이기에 그것이 결핍된 삶은 비참한 것이다. 이 작품의 가치는 수필적 화자가 갖는 내면 풍경의 진솔성이다. 더 나은 환경이 기다리고 있다고 해도 온전하게 반갑지 않은 것이 솔직한 작가의 심정이기 때문이다.

고향은 그 의미와 상징성이 무한하여 이운순 작가에게 끊임없는 창작의 모티프가 되어왔다. 고향은 작가가 세상에 태어나 인간적 기초를 배운 태생지로서 의미를 갖는다. 이렇게 볼 때, 고향은 인간의 물리적, 정신적, 영적 뿌리로서 상징성이 강하고, 일생 동안 끊임없이 환기되면서 언젠가는 돌아가야 할 원형적 심상으로 자리 잡는다. 그런 까닭으로 삶의 순간순간에 원심력과 구심력으로 작용하면서 작가의 삶을 이끌어주는 영혼의 나침판처럼 기능한다. 이 작품은 본향을 향한 작가의 애정이 어떠한가를 제시해주는 글이다. 수필은 정의 문학이라는 명제에 비추어보면, 주제 지향성 면에서 이 수필의 가치는 충족되고도 남는다. 그녀가 갖고 있는 열망 중의 하나는 자연을 삶의 주변으로 끌어들여 동행을 이루는 일이다. 사람은 누구나 자연을 떠나서는 한순간도 안정을 찾을 수 없다. 사람이 곧 자연이다. 자연과 동행이 되고자 하는 것은 누구에게나 소중한 의미를 갖는다. 그럼에도 인간의 질주본능은 자연훼손을 재촉한다. 작가는 이런 개발로 인해 차츰 자연에서 멀어지는 삶을 문명 비판적 관점에서 문학적으로 잘 형상화했다.

> 여기저기 널브러진 잠자리의 사체는 추락한 비행기의 잔해처럼 안타깝고 쓸쓸하게 만든다. 계절은 이렇게 자연 만물을 제자리로 다시 돌려보내고 또다시 되돌아오는 윤회의 연속이다. 불과 수일 전만 해도 붉은 고추잠자리들의 비행을 보았지만, 어느 사이 쓸쓸한 이 계절의 뒤안길에서 생을 다하고 처참한 모습으로 우리 앞에 뒹군다. 그러나 분명한 건 내년 여름, 또 그다음 여름에도 그들은 또 다른 개체로 우리의 머리 위를 날 것이다. 더 이상의 자연 훼손도 없고 더 이상의 무관심도 없는 언제까지나 인간과 함께 살아가는 생명체이기를 간절하게 바라본다.
>
> 〈초하의 노래〉 중에서

이 수필은 자연친화적 세계관이 빛나는 작품이다. 이운순 수필의 큰 줄기를 세 부류로 나누었지만 사실 네 부류로 나누어도 전혀 무리가 없다. 그 하나로 따로 떼어 놓으려면, 환경과 자연친화적 세계관이라 할 수 있고, 토포필리아 내지는 에코필리아의 사상이 녹아있는 녹색예찬이라고 해야 할 것이다. 이는 시골에서 자라고 커온 작가 역시 결국 대자연이란 문학의 온상만큼은 끝내 일탈할 수 없었음을 보여준 확증인 것이다. 생의 참된 의의나 조화의 과정을 여유있게 관조함으로써 수필의 예술성을 나타내기에는 대자연의 오묘한 섭리, 그 이상의 제재는 다시 없기 때문에 작가는 수필 속에 자연을 담는 데 주저하지 않는다. 작가의 고향회귀 의식이나 과거지향성은 현실에 대한 불만족을 나타낼 뿐만 아니라 작가의 자연친화적 의식을 반영한다고 하겠다.

〈초하의 노래〉는 인간의 삶은 자연과 밀착될수록 향기를 더한다는 주제의식을 담고 있다. 개구리 소리도 농부도 볼 수 없다는 농촌의 풍경이 이를 잘 증명한다. 그래서 작가는 추억이 사라지는 것을 슬퍼한다. 단잠을 깨우던 제비의 지저귐도, 꾀꼬리 종달새 소리도 언제 들어보았는지 요원하기만 하다고 한다. 여기서 초하는 자연을 의미한다. 있는 것을 있는 그대로 두지 않으려는 환경파괴의 심각성에 대한 경고적 의미로도 읽힌다. 생태위기를 극복하려는 움직임이 활발한 때에 작가 역시 수필가로서 환경보존의 필요성을 여러 작품으로 통해 은은하게 형상하고 있음은 대단히 바람직한 현상이라고 하겠다. 자연 친화를 통해 환경보호를 주장하는 작품들, 즉 〈가을 스케치〉, 〈사랑나무가 있는 집〉, 〈그곳에 가면〉 등 자연을 그리는 수필이 많다는 것은 작가의 시야가 밖으로 확대되어가고 있다는 증거라 하겠다. '여기저기 널브러진 잠자리의 사체는 추락한 비행기의 잔해처럼 안타깝고 쓸쓸하게 만든다.'라는 문장에서 함축적 형상화와 함께 이 수필의 주제적 구체화가 빛난다 하겠다.

Ⅲ. 로그아웃

이상에서 살펴본 바와 같이 이운순 수필의 지향성은 크게 세 파트로 나뉜다. 하나는 그리움의 표백이고, 다른 하나는 추억의 단상이고, 마지막은 자기실현의 욕구라 하겠다. 다행스러운 것은 이운순 수필의 소재가 되고 있는 과거 회고적 그리움의 흔적들이 그녀의 삶에 있어서 스승의 한 자리로 남아 작가 자신을 이끌어 가고 있다는 점이다. 지식이나 관념의 노래라기보다는 일상의 소중한 체험에서 인연의 가치를 건져낸 글이기에 그녀의 수필은 무엇보다도 인간적인 향기를 풍긴다는 게 좋다. 이운순의 수필의 가장 큰 강점은 무엇보다도 체험이 문학적으로 형상화되었다는 데서 찾을 수 있다. 인징의 넉넉한 품이 있어 또 좋다. 그녀의 수필은 인연을 예사롭게 여기지 않고, 만남의 미학으로 승화시킨다는 측면에서 영원의 여운을 느끼게 한다. 인연을 향한 그리움은 자기 존재의 성찰과 인식으로부터 시작하여 자기완성에 이르는 구도의 길에서 찬연한 꽃으로 피어난다. 모든 작품 속에 내재되어 있는 따뜻한 인간애와 삶의 열정은 그녀의 수필을 포근한 어머니의 치마폭처럼 따스하게 한다.

이제 에세이문예작가상 수상작가라는 깃발을 당당히 들고 수필의 길에 나섰으니 지금까지 해왔던 것처럼 차근차근 좋은 인연을 발견하는 데 더욱 전념하기를 당부하고 싶다. 십여 년의 문단 경력으로 이만한 품격을 갖춘 것은 그만큼 진지하게 인생을 살아왔기 때문일 것이다. 좋은 수필은 수필적인 생활에서 찾아지는 법이다. 사람들과 인연의 소중함을 그려내는 휴머니즘의 수필 세계를 확보하고 있는 그녀의 수필 영토를 작가적 삶에 연계시켜보면 그녀의 인생관과 삶의 철학이 그대로 드러난다. 작가로서 그리고 모범적인 주부로서 누구보다도 깨어있는 자세로 성실히 살아가는 모습이 눈에 들어온다. 수필은 하나의 이야기 문학이다. 일상적인 이야기를 다루면서 작가의식을 결코 소홀히 하지 않는 등 그녀는 작가의 사회적 책무도 다하고 있어 얼마나 다행스러운지 모르겠다. 이야기 문학으로서 이운순 수필들은 글감을 작가의 체험에서 가져오고, 그것에 대한 깨달음을 자신의 목소리로 들려준다는 차원에서 미학적 울림이 있다고 하겠다. 인연의 법칙으로 추억을 따스하게 감싸는 작가이기에 우리는 그녀의 다음 작품에 더 기대를 걸어본다.